知的生活習慣が身につく

学級経営
ワークシート

11ヶ月+α 中学校

[監修] 谷 和樹
[編著] 守屋遼太郎

学芸みらい社
GAKUGEI MIRAISHA

教科書のない学級経営に "プロの暗黙知" を

谷　和樹

　なぜか学級経営が上手な先生がいます。

　荒れたクラスでも、その先生が担任をすると嘘のように落ち着きます。

　魔法のように見えますが、もちろん魔法ではありません。

　その先生に力があるから落ち着くのです。

　そうした「教師の力量」には、たくさんの要素があります。

　要素の中には、すぐにマネできるものもありますが、見えにくいものもあります。

　当然、見えにくい要素のほうが大切です。

　見えにくくてマネしにくい要素を、その先生の

暗黙知

と呼んだりします。

　マネすることが難しいから「暗黙知」なのですが、ある程度は言葉にして伝えることもできます。

　そのごく一部でもマネすることができたらいいなと思いませんか？

　そうした「暗黙知」をできるだけ目にみえるようにしたのが、本シリーズの「ワークシート」です。

　ワークシートには、例えば次のようなことが含まれています。

1　何を教えるのか。
2　いつ教えるのか。
3　どのように教えるのか。
　1）どんな言葉で伝えるのか。
　2）どんな順序で伝えるのか。
4　子どもたちはどんな活動をするのか。
　1）なぞらせるのか。
　2）選ばせるのか。
　3）書かせるのか。
5　どのように協力させるのか。
6　どのくらい継続させるのか。
7　どのように振り返らせるのか。

　これらを、適切な内容で、適切な時期に、効果的な方法で、ほとんど直感的に指導できるのが教師の実力です。

　とりわけ、学級経営には教科の指導と違って「教科書」がありません。

　そうした力を身につけるためには、まずはこうしたワークシートを教科書がわりにして、教室で実際に使ってみることが第一歩です。

　ワークシートに表現されている内容は、実力のあるベテラン教師の方法そのものだからです。

　多くの先生方が、本シリーズのワークシートを活用され、楽しい学級経営をしてくださることを願っています。

本書の使い方

学年・月　　　　　　経営計画　　　　ワークシート名

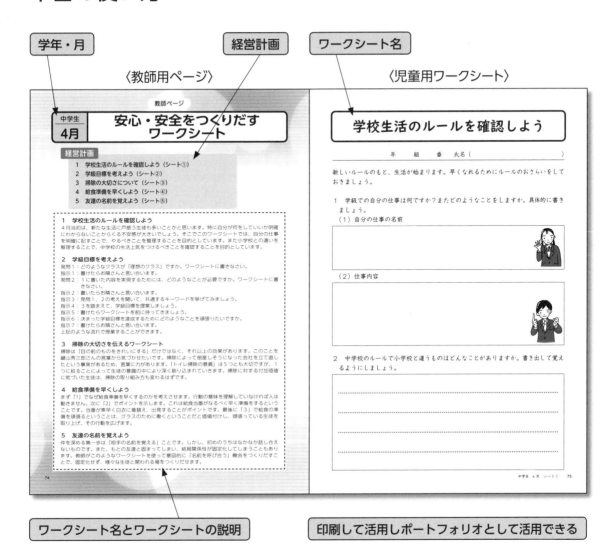

〈教師用ページ〉　　　　　　　　　　　〈児童用ワークシート〉

ワークシート名とワークシートの説明　　　印刷して活用しポートフォリオとして活用できる

　毎月、教師用のページと生徒用のワークシート5枚があります。月別のワークシートでは、時期に合わせた内容をラインナップしております。例えば4月ならば、新しい生活に慣れるために必要であろうワークシートを入れました。もちろん実態に合わせて、別の月に使っても問題はありません。

　また月別以外には行事別やテーマ別にワークシートを作成しました。行事別には「運動会」「文化祭」などに分けたワークシートがあります。それぞれの取り組みを向上させるために必要なワークシートがあります。また行事ごとに類似の内容を含めています。それらを教師側が意識し、行事毎に取り入れることで行事と行事をつなぐ学びを生み出すことが可能です。

　テーマ別には「進路関係」など、中学校ならではのテーマを入れました。「進路関係」については、学年ごとに作成し、「進学指導」に偏ることなく、生徒のこれからの生き方を考えていけるような内容としました。

　これらは印刷してお使いいただき、記入したものを1つにまとめポートフォリオとして活用していくことも可能です。

守屋遼太郎

目　次

第1部 中学生のハートに問いかけるワークシート

コミュニケーション編　人間関係の課題を解決するワークシート

こんなときどうする？編　困難に直面したときに役立つワークシート

運動会編　運動会の学びを何倍にもするワークシート

自分と向き合う編　自分のことを深く知るワークシート

宿泊行事編　宿泊行事での成長を促進するワークシート

第2部 学校歴カレンダーに即したワークシート

人間関係の課題を 解決するためのワークシート

経営計画

1　自分の意志をはっきりと伝えよう（シート①）
2　異性との上手な付き合い方（シート②）
3　クラスメイトとうまく付き合う（シート③）
4　自分とは異なる意見から学ぼう（シート④）
5　意見の違いをどう解決する？（シート⑤）

1　自分の意志をはっきりと伝えよう

自分の意志を正直に、率直に伝えるワークシートです。ポイントは「Ｉ（わたしは）」で伝えることです。自分の感情を大切にしながら、自分の気持ちや考えを正直に、率直に伝えます（「わたしメッセージ」）。まず、「例」を参考に表に書き込み、伝える内容を整理させます。そのあとペアによるロールプレイングで実際に練習します。その後、伝えた側、また伝えられた側、それぞれどのように感じたか共有します。

【参考文献】
『月刊学校教育相談』編集部
『シンプルな８つの図が子ども理解・かかわりを劇的に変える』ほんの森出版　2020　佐藤恵子
『先生と子どもの「怒り」をコントロールする技術』ナツメ社　2018

2　異性との上手な付き合い方

思春期は異性への興味関心が高まると同時に、その関わり方で悩む子供たちが増える。ひとえに関わり方がわからない事による。男女の脳の違いに着目して、男性は女性の、女性は男性の気持ちに寄り添い、理想的な関わり方を考えさせると良い。

3　クラスメイトとうまく付き合う

自分の周りにいる人について紹介するワークシートです。導入として、クラスに「あなたの隣の人の誕生日を知っていますか」と問いかけます。趣旨を説明した上でワークシートにうつります。生徒同士でペアを作り、「1」を行います。次に「1」の答えをもとに「2」を書いていきます。その後、みんなの前で順番に発表していきます。最後に、「あなたの隣の人の誕生日はいつですか」ともう一度問いかけてみましょう。

4　自分とは異なる意見から学ぼう

学校生活の中で、自分とは異なる意見が出ることがあります。例えばどんなことがあるか、具体例を挙げさせると良いと思います。クラス目標の立て方や、授業の受け方など、これまでの生活で友達とは意見が違った時のことを話させると良いでしょう。そのことに対して、クラスメイトと意見を交換し、今後の生活にどのように生かしていくかを考えさせます。新しい仲間がどんな考えを持っているか知ることもできます。

5　意見の違いをどう解決する？　話し合いの進め方を学ぼう

説明1：中学校では、自分たちで話し合い、方針を決めたり、解決したりする機会が多くなります。
　　　　今日は話し合いの仕方と練習をします
指示1：話し合いに必要な５つの段階を読みます。
説明2：今、読んだことを意識しながら話し合いをするのですよ。
発問1：例文です。クラスで遠足に行くことになりました。山に行くか？　海に行くか？　どちらにしますか？
指示2：まずⒶの欄に書きなさい。※この後は順番に行っていく。
指示3：感想を隣に言いなさい。次は例Ⓑを行います。※ここからは同じような流れ
上記の流れで指導しながらワークシートを進めるとよい。

自分の意志をはっきり伝えよう

年　　組　　番　氏名（　　　　　　　　　）

◎「わたしメッセージ」で、「わたし」を主語にして、自分の感情を率直に
　伝える練習をしましょう。

例

相手の行動	わたしへの具体的な影響	わたしの感情
あなたが返事をしてくれないと	内容が伝わったかわからなくて	不安になる

相手の行動	わたしへの具体的な影響	わたしの感情

わたしメッセージ

異性との付き合い方

年　　組　　番　氏名（　　　　　　　　　　　　　）

1　女性脳と男性脳

　女性と男性では脳の特徴と考え方の特徴が違います。

　　女性脳……物語を**共感して聞いてもらい**、問題を解決する。

　　男性脳……結論をもとに**行動に移す**ことで問題を解決する。

　※異性の脳の違いを知って、うまく付き合えるようになろう！

2　こんな場面あなたならどうする？

> Aさんは、最近あった困ったことをBくんに相談しました。出来事を一つ一つ順を追って話しているとBくんは次第にイライラしてきて、「じゃあ、こうすればいいじゃん」とすぐに結論を話して話を遮ってきます。Aさんはとても悲しい気持ちになりました。

　問1　Bくんはなぜイライラしてしまったのでしょうか？

　問2　BくんはどのようにAさんの話を聞くと良かったのでしょうか？

　問3　お互いが嫌な思いをせずに過ごすためには、女性側・男性側にどんは配慮があれば良かったでしょうか？

クラスメイトに紹介しよう

年　　組　　番　氏名（　　　　　　　　　　　　　　）

1　クラスメイトにインタビューしましょう。

質　　問	クラスメイトの答え
①あなたの名前は何ですか。	
②あなたの誕生日はいつですか。	
③あなたの好きな食べ物は何ですか。 　どうしてその食べ物が好きなのですか。	
④あなたの好きな教科は何ですか。 　どうしてその教科が好きなのですか。	
⑤あなたが今ハマっていることは何ですか。	

2　クラスメイトにあなたの近くの人を紹介しましょう。

　わたしの近くにすわっている（①　　　　　　　　　　）さんについて紹介します。

　誕生日は（②　　　　　　　　　　）です。

　好きな食べ物は（③　　　　　　　　　　）です。

　理由は（　　　　　　　　　　　　　）です。

　好きな教科は（④　　　　　　　　　）です。

　理由は（　　　　　　　　　　　　　　）です。

　今ハマっていることは（⑤　　　　　　　　　　　　　）です。

　これで（①　　　　　　　　　　）さんの紹介を終わります。

自分とは異なる意見から学ぼう

年　　組　　番　氏名（　　　　　　　　　　　　　　）

クラスには、自分と意見が合う人ばかりでなく、異なる意見を持つ人もいます。たくさんの人が集まって、生活をするクラスでは、人の意見から学ぶことも大事になってきます。お互いの意見を知り、それぞれの人の考え方を知ることで、物事に対してより深い見方ができるようになります。

今日は、自分とは異なる意見から学ぶことをしていきます。

1　自分とは異なる意見とは、たとえばどんな意見ですか。

2　異なる意見が出た時に、どんなことをしたら良いですか。他人の意見を聞いてみましょう。

名　　前	理　　由

3　今後の生活にどのように生かしていけそうですか。感想をまとめてみましょう。

意見の違いをどう解決する？
話し合いの進め方を学ぼう

年　　組　　番　氏名（　　　　　　　　　　　　）

「話し合い」に必要な５つの段階
①準備：話し合いが始まる直前までの準備の段階
②導入：話し合いが始まって意見をどんどん引き出していく段階
③整理：たくさん出てきた意見を整理し、まとめていく段階
④合意：結論を出すために最終的な合意形成にもっていく段階
⑤まとめ：最終的に合意した決定事項や未決事項の対処について再確認する段階

例Ⓐ：クラスで遠足に行くことになりました。山に行きますか？　海に行きますか？
①準備：話し合いが始まる直前までの準備の段階

②導入：話し合いが始まって意見をどんどん引き出していく段階

③整理：たくさん出てきた意見を整理し、まとめていく段階

④合意：結論を出すために最終的な合意形成にもっていく段階

⑤まとめ：最終的に合意した決定事項や未決事項の対処について再確認する段階

例Ⓑ：過ごしやすいクラスにしよう
①準備：話し合いが始まる直前までの準備の段階

②導入：話し合いが始まって意見をどんどん引き出していく段階

③整理：たくさん出てきた意見を整理し、まとめていく段階

④合意：結論を出すために最終的な合意形成にもっていく段階

⑤　まとめ：最終的に合意した決定事項や未決事項の対処について再確認する段階

中学生 こんなとき どうする?編	# 困難に直面したときに 役立つワークシート

経営計画

1 心が折れそうになったときの対応（シート①）
2 怒りが込み上げてきたときの対応（シート②）
3 友達と不仲になったときの対応（シート③）
4 集中できないときの対応（シート④）
5 勇気がでないときの対応（シート⑤）

1 心が折れそうになったときの対応

このシートでは、心が折れそうになったときのことを想定して、意見を交流させることを目的としています。講義形式で、対応策について教えるということではなく、お互いに心が折れそうになったときにどのように考え、行動するかを知ることで、仲間のことを考えるようになって欲しいと思います。

2 怒りが込み上げてきたときの対応

このシートでは、それぞれにどんなことで怒ったのか、そしてどのようにおさめたのかを書かせることが重要です。おさめ方では「ものにあたる」などのように周りに悪い影響を与えるものが出てくるかもしれません。全体で共有し、クラスの話し合いのテーマとして使えます。周りに悪い影響を与えずに、自分自身をコントロールするということを考えさせるのが、最終目的になります。

3 友達と不仲になったときの対応

このシートでは、最悪の事態を想定させることが大切です。最悪の状況から逆算をし、そのとき、そのときでどのような行動をすればいいかを考えさせることがこれからの人間関係形成につながります。最後に「トラブルを起こさないために意識すること」につなげ、個人内で終わっても良いですし、クラスで共有させ、視野を広げさせてもいいです。クラスの状況や時期によって最後の部分は変わります。

4 集中できないときの対応

誰しも、集中できなかったこととできたことがあろうかと思います。そのときの原因を考えさせることで、自分で集中できる環境を作り出すことができるようになります。1つ書かせたら交流し合うと盛り上がります。3の作業興奮については、『脳内物質仕事術』樺沢紫苑著（マガジンハウス）も参考になります。最後に4で、自分ができる工夫を具体的に書かせ、実際にするよう促しましょう。

5 勇気がでないときの対応

「自分が勇気がでないとき」は他の人にとっても同じことがあります。その悩みを共有することで、「自分ばかりがだめだ」と考えず、前向きにとらえられるようにすることを目的としています。またもしかしたら、意見を交流する中で、改善策をもっているクラスメイトがいるかもしれません。そういったことに気づけることもこのワークシートの良さだと考えています。

心が折れそうになったときの対応

年　　組　　番　氏名（　　　　　　　　　　　　　　）

1　どんなときに心が折れそうになりますか。想像も含めて書きましょう。

2　そのようなとき、自分ならどのような行動を起こしますか。理由も
　含めて書きましょう。

3　心が折れそうなとき、親、友達や先生にどのような対応をしてほし
　いですか。

4　心が折れないために、日常でどのようなことを意識して生活してい
　くと良いですか。

怒りが込み上げてきたときの対応

年　　組　　番　氏名（　　　　　　　　　　　　　）

1　あなたが怒るときは、どんなときですか？

2　怒りはどのようにおさまりましたか？

3　2で書いたもので、良かったものはどれですか？

4　怒りが込み上げてきたときにどうしますか？
　　イライラしたり、怒ったりしたときは

をします。

おまけ. 怒りの4分類

重要で変えられること	重要ではあるが変えられないこと
重要ではないが変えられること	重要ではなくて変えられないこと

怒るときの出来事を
「自分で変えられることなのか？」
「重要なことなのか？」
という2つのフィルターを通して4種類に分類
すると、どうすればいいかが見えてきます。

友達と不仲になったときの対応

年　　組　　番　氏名（　　　　　　　　　　　　　　　）

1　友達とケンカ、発生！最悪の結末は？

2　最悪の結末を迎えたら、どうしますか？

3　最悪の結末を迎えないために何をしますか？

ケンカ直後……＿＿＿＿＿＿＿＿＿＿＿＿＿＿＿＿＿＿＿

1日経過………＿＿＿＿＿＿＿＿＿＿＿＿＿＿＿＿＿＿＿

3日経過………＿＿＿＿＿＿＿＿＿＿＿＿＿＿＿＿＿＿＿

1週間経過……＿＿＿＿＿＿＿＿＿＿＿＿＿＿＿＿＿＿＿

4　友達とケンカをしないためにそもそも意識することは何ですか？

集中できないときの対応

年　　組　　番　氏名（　　　　　　　　　　　）

1　勉強や部活動など、何かに集中できなかったときの原因は何ですか。

例）スマホを近くに置いていて、スマホが気になった。

2　逆に、集中できたときの原因は何ですか。

例）静かな環境でできていた。

3　次の文を読みましょう。
「やる気がない状態でも、いったん行動を始めると、やる気が出て簡単に継続できるようになる心理現象」を作業興奮と言います。心理学者であるクレペリンが提唱しました。

4　集中できないとき、どんな工夫ができますか。

例）やる気が起きなくても、手の付けやすい勉強から始める。

勇気がでないときの対応

年　　組　　番　氏名（　　　　　　　　　　　　　　）

1　どんなときに勇気がでなかったですか？　なければ、こんなとき
　は勇気がでないだろう？　と予想して書きましょう。

2　どうすれば勇気がでるか、調べてみましょう。
　　調べた中で一番自分にあっていそうなものを書いてみましょう。

3　友達の勇気のだし方を聞いてみましょう。

名　前	勇気の出し方

中学生 運動会編 | 運動会の学びを何倍にもする ワークシート

経営計画

1　運動会の目的と目標を考えよう（シート①）
2　運動会の作戦を立ててみよう（シート②）
3　運動会の成功は過程にあり（シート③）
4　運動会の選手を決める前に考えよう（シート④）
5　運動会の学びを日常生活につなげよう（シート⑤）

1　運動会の目的と目標を考えよう

運動会に限らず、行事には実現したい「目的」とそれを叶えるために達成を目指す「目標」があります。運動会は運動が得意な生徒が活躍し、運動が苦手な生徒は活躍できないといった行事で終わらせてはいけません。得意、不得意の中でも学級などでどのように協力していくのか、学級のために自分に何ができるのかを考え、行動することでその後の生活に活かしていけるような取り組みにする必要があります。その導入としてこのワークシートを使います。

2　運動会の作戦を立ててみよう

運動会の練習の中で、作戦を考えることがあると思います。しかし時間がとれないこともあるでしょう。そういった時のためにこのワークシートを活用してほしいです。自分が出場する種目、他の生徒が出場する種目、それぞれに作戦を考え、共有することで、短時間で作戦を考えることができます。また運動が苦手な生徒でも役に立てる場としてこういう機会があると良いと思います。

3　運動会の成功は過程にあり

運動会本番は誰もが頑張ります。しかし、そこまでにどれだけ頑張れたかが、結局は本番の結果に結び付きます。だから、練習期間中にこのワークシートのようにして振り返り、しきりなおすことも時には必要です。自分には何ができるのか具体的に考えさせたいです。

4　運動会の選手を決める前に考えよう

個人種目などで、人気のある種目、人気のない種目があると思います。何も考えずに決めてしまうと、人気のない種目になった人が嫌な思いをしてしまうこともあるかもしれません。人気のない種目になってしまっても前向きに取り組めるようにしたいです。また人気のない種目になった人に対して感謝の思いをもてるようにしたいです。そのためにこのワークシートを作成しました。

5　運動会の学びを日常生活につなげよう

運動会にかけて時間がその後につながらないのはもったいないです。その後につながるようにするには、運動会で何を得たのか、それがどのようにこれからにつながるのか、を整理しておく必要があります。このワークシートに取り組むことで、その時だけの行事ではなく、その後につながる行事にすることができます。

運動会の目的と目標を考えよう

年　　　組　　　番　氏名（　　　　　　　　　　　）

1　学級で取り組む行事には **目的** と **目標** が必要です。

2　行事の目的とは何ですか。

3　行事の目標とは何ですか。

4　目的と目標はどちらが大切だと考えますか。理由を書きましょう。

5　これから全員で取り組む行事は何ですか。

6　その行事が終わった後、どのような姿になっていたいですか。

☆一人一人	♡学級

7　「6」の姿を達成するために、あなたができることは何ですか。

運動会の目的と目標を考えよう

年　　組　　番　氏名（　　　　　　　　　　　）

運動会では、様々な種目があります。自分が出るものやそうでないものも協力して作戦を考えてみましょう。

1　自分が出る種目の作戦を考えましょう。思いつかない場合は友達に聞いてみましょう。

種　　目	作　　戦

2　自分は出ないけれど、友達が出る種目の作戦を考えましょう。その種目に出る友達に教えてあげましょう。

種　　目	作　　戦

3　実際やってみて、作戦がうまくいかなかった場合はここに新たな作戦を記しておきましょう。

種　　目	作　　戦

運動会の成功は過程にあり

年　　　組　　　番　氏名（　　　　　　　　　　　　　）

運動会練習がはじまって、数日が経ちました。運動会の成否は今の取り組みの質が高いか、低いかで決まります。ここまでの取り組みを振り返り、自分はどうだったか、周りはどうだったか思い返してみましょう。

1　これまでの自分の取り組みはどうですか？何が良かったか、悪かったか具体的に
　書いてみましょう。

○良かった点

○悪かった点

2　クラスの中で特に頑張っていた人はどんな人ですか？　具体的に書きましょう。

どんな人（誰）？	頑張っていたこと

3　振り返ったことを生かして、自分は本番までにどのようなことを頑張りたいですか？

運動会の選手を決める前に考えよう

年　　　組　　　番　氏名（　　　　　　　　　　　　　）

1　あなたはどの種目に出たいですか？　また出たくないですか？　理由
　も含めて出たい順に書いてみましょう。

種　　目	出たい・出たくない理由

2　自分が出たかった種目の選手になれなかったとします。その種目に決
　まった選手にどのような声かけをしますか？
　　例：しようがないから立候補する、絶対に立候補しないなど

3　一番出たくない種目が決まらなかったとして、最終的にあるクラスメ
　イトが立候補してくれたとします。あなたはその人にどんな言葉をかけ
　ますか。またはどんな態度で接しますか。

運動会の学びを日常生活につなげよう

年　　組　　番　氏名（　　　　　　　　　　）

1　運動会で得たことをキーワードでまとめてみましょう。例：協力

2.　運動会でうまくいかなかったことをキーワードでまとめましょう。
　　例：自分本位

3　1、2のキーワードを使って日々の生活で意識したいことを書きましょう。

自分のことを深く知るための
ワークシート

経営計画

1　自分の未来設計図（シート①）
2　自分が知らない自分を知ろう（シート②）
3　気持ちをコントロールしよう（シート③）
4　自分史上最高の感動エピソード（シート④）
5　座右の銘を探そう！（シート⑤）

１．自分の未来設計図

このシートでは、自分の興味・関心や夢などをもとに未来を設計する活動を通して、自分の過去、現在、未来を考え、この後どのようにして生きていくのかを考えさせる意図があります。「夢なんかない」「将来は分からない」と言う生徒も多くいます。教師とのやりとりの中で、漠然とでも 10 年後、20 年後の自分を明るくイメージさせ、今後の人生を前向きに生きていこうとする心情と態度を養っていきましょう。

2　自分が知らない自分を知ろう

このシートでは、自分の性格や好きなこと、クラスメイトからも自分の性格や好きなことを考えてもらいます。そうすることで、自分が知らなかった自分に気づくことができます。他者から見た自分の性格などに気づくことで、自分の「良さ」や「伸ばせるところ」を見つけることにつながり、自らの生き方を考えることにつながります。

3　気持ちをコントロールしよう

このシートでは、まずコントロールできないときを書くことが大切です。物事には原因が必ずあります。その原因が自分で解決できないことが結構あったりします。それに気づき、「物事は思い通りにいかないことが多い」ということが分かればいいです。ここに気付くことができると普段からの気持ちの持ち方が変わってくると思います。気持ちをコントロールするためには、自身を知ることにつなげることも一つのコントロール法です。

4　自分史上最高の感動エピソード

このシートは、キャリア教育の一環として、自分の良さに気づくことをイメージして作りました。自分の良さに気がつくためには、客観的に自分を見ることが必要です。そのためにエピソードを思い出すところは他の人と話し合う場面を設けました。さらに、自分のエピソードを伝えやすくするためにフレームに合わせて文章を書けるようにしました。心が動かされるためには、人とのかかわりがあったり、人の良さを感じたりすることが必要です。授業する数日前に予告をし日常に目を向けさせておくことでどの子も書けるように配慮したいです。

5　座右の銘を探そう！

このシートでは、座右の銘を探し、自分を元気付ける言葉と出会うことをねらいとします。
クラスメイトの座右の銘にふれ、言葉の持つ力について考える機会とします。「座右の銘」はイメージしにくい生徒もいると考えられますので、教師の座右の銘を紹介して、思い浮かばない人は、辞書や本から探すようにします。

自分の未来設計図

年　　組　　番　氏名（　　　　　　　　　　　　）

1　自分の未来を描こう！

よりよい人生を送るには、近い将来の進学や就職、家庭について、考えたりすることは大事なことです。少し立ち止まって、今の自分を振り返り、自分を見つめてみましょう。

・未来のことは「本当にそうなる」と予測して書いてみよう。

・未来のことに「家庭」「仕事」「住む場所」の3つを入れよう。

35歳（20年後）
30歳
25歳（10年後）
20歳
18歳　高校卒業（成人）　進学 or 就職

自分が知らない自分を知ろう

年　　組　　番　氏名（　　　　　　　　　　）

1　❶自分のことについて記入しましょう。
　　❷お隣さんと交換し、記入してもらいましょう。

	❶自分は知っている	❷他人から見た自分
性格		
得意なこと		
好きなこと		
苦手なこと		

2　感じたことや考えたことを記入しましょう。

気持ちをコントロールしよう

年　　組　　番　氏名（　　　　　　　　　　　　　）

1　気持ちをコントロールできないときは、どんなときですか？

2　気持ちをコントロールできないときを分類しましょう。

自分で解決できる	自分で解決できない

3　2の表を見て、わかったこと・気づいた・思ったことを書きましょう。

4　気持ちをコントロールするために日ごろから
　　何を意識していきますか？

気持ちをコントロールするために

を意識します。

自分史上最高の感動エピソード

年　　組　　番　氏名（　　　　　　　　　　　）

1 心が動かされたエピソードを他の人と話して思い出し、メモしましょう。

【思い出そう】友達、家族、人の姿、自分の体験、部活、行事、映画、本、など
【メモ】

2 感動のエピソードを書きましょう。

①感動したことを書きましょう。（私が感動したのは〜です。）

②どこに心が動かされたのかわかるように具体的に書きましょう。

③エピソードを通して得たことや考えたことを書きましょう。

④行動の変わったところや今後生かしたいこと等を書きましょう。

3 感動のエピソードを発表し合いましょう。

【感想メモ】

座右の銘を探そう！

年　　　組　　　番　氏名（　　　　　　　　　　　　）

1　「座右の銘」とはいつも身近において、自分を励ましたり、自分の目標
　としたりする言葉のことです。
　　自分の座右の銘を書きましょう。
　（例えば、勉強でやる気がでない時に奮い立たせてくれる言葉など……）

2　なぜその言葉が好きなのか理由を書きましょう。

3　隣の人の座右の銘は？

4　感じたことや考えたことを記入しましょう。

宿泊行事での成長を
促進するワークシート

経営計画

1　宿泊行事の目的と目標を考えよう（シート①）
2　宿泊行事の持ち物、何が必要？（シート②）
3　宿泊行事・部屋決めをする前に考えよう（シート③）
4　失敗しない部屋割り（シート④）
5　宿泊行事の学びを日常生活につなげよう（シート⑤）

1　宿泊行事の目的と目標を考えよう

宿泊行事に限らず、学校で行われることには「目的」があります。宿泊行事は非日常を経験するという「楽しさ」が前に出すぎるため、「目的」が見失われがちです。それを事前に確認し、生徒が意識する土台をつくることがこのワークシートの目的です。

2　宿泊行事の持ち物、何が必要？

このシートは、宿泊行事前に持ち物を確認することを目的に使用します。単にリストで確認するだけでなく、持ち物に関する細かいルールや抜け落ちそうなところを書き留めておけるようにしました。また、持ってきてはいけない物を明確にし、事前に指導しておくことで、予防的な指導をすることができます。時間があれば、なぜ持ってきてはいけないのかを生徒に考えさせるのも良いと思います。

3　宿泊行事・部屋決めをする前に考えよう

「部屋決めをするとなると、皆、仲の良い人と同じ部屋になりたいものです。しかし、部屋の数や人数は決められたものです。うまく仲の良い人と一緒になれないこともあります。みんなが70％くらいの満足になるよう、部屋決めをするときのルールを確認しましょう。」
このように事前に説明をし、部屋決めで起こりうるトラブルを未然に意識させておくことで、生徒はトラブルが起きないように気をつけるようになります。

4　失敗しない部屋割り

向山洋一氏の有名な実践です。スキー教室などの宿泊学習・修学旅行の部屋割りなど、クラスで男女に分かれていくつかのグループを作らなくてはならない時があります。生徒から出る「好きな者同士」の案を採用することがありますが、手立てなく行うと、トラブルや不平不満が出てきます。それを未然に防ぐ技術が随所に見られます。生徒の実態に合わせて、制限時間を5分や8分などに変えてもうまくいきます。

5　宿泊行事の学びを日常生活につなげよう

　学校行事は日常生活の向上につながってこその取り組みです。宿泊行事も例外ではありません。自分が宿泊行事でどのようなことを学んだのか、それを今後にどのように活かせるのか。何もしないで日常生活に戻ってもなかなか意識することはできません。このようなワークシートで振り返り日常生活と結び付けようとすることで、意義ある行事にすることができます。

宿泊行事の目的と目標を考えよう

年　　組　　番　氏名（　　　　　　　　　　　　　）

1　宿泊行事について先生から説明がありました。何が目的だと言っていましたか。書きましょう。

2　1のことを達成するためには具体的にどのようなことが必要だと考えられますか。自分が目的を達成するために必要だと思う「目標」を設定しましょう。

3　班で行動する時の目標を書きましょう。

4　部屋で行動する時の目標を書きましょう。

宿泊行事の持ち物、何が必要？

年　　組　　番　氏名（　　　　　　　　　　　）

1　持ち物リストを確認し、必要な物を加えましょう。

□しおり　　□マスク　　□雨具・折りたたみ傘　　□着替え
□筆記用具　□財布、小銭入れ（自己管理）　　□常備薬
□お小遣い（　　　　　　　　円）　□ゴミ袋
□ハンカチ、ティッシュ　　□洗面用具
□＿＿＿＿＿＿＿＿　□＿＿＿＿＿＿＿＿　□＿＿＿＿＿＿＿＿
□＿＿＿＿＿＿＿＿　□＿＿＿＿＿＿＿＿　□＿＿＿＿＿＿＿＿
□＿＿＿＿＿＿＿＿　□＿＿＿＿＿＿＿＿　□＿＿＿＿＿＿＿＿

2　持ってきてはいけない物を、具体的に書きましょう。

3　持ち物に関するルールをまとめて、確認しましょう。

4　忘れ物をしないための工夫を書きましょう。

部屋決めをする前に……

年　　組　　番　氏名（　　　　　　　　　　　　　　）

皆、仲の良い人と同じ部屋になりたいものです。それだけに、部屋決めをするときは相手のことを考える必要があります。力の強い人だけが満足するのではなく、多くの人が納得できるようにしたいです。

一緒になりたい人がいることは悪いことではありません。「一緒になれるといいね」などと話すことも悪いことではありません。でも部屋の数も人数も決められたものです。うまくはまらないこともあります。その時に「いいよ、譲るよ」と言える優しさも必要です。一人で100%の満足をつくると誰かが30%の満足になります。皆70%のくらいの満足になるように考えて決めてほしいと思います。

今日は、部屋決めについて考えます。

1　この行事の目的は何ですか。

2. 役割分担を確認しましょう。（例：司会者、書記など）

名　　前	役　　割	やるべきこと

3. 部屋決めをするときのルールを書きましょう。

4　部屋決めが終わった時に、どんな気持ちでいたいですか。自分の思いを書きましょう。

失敗しない部屋割り

年　　　組　　　番　氏名（　　　　　　　　　　　）

手引き

- ☐ この条件で駄目だった時は、別の方法でやってもらいます。
- ☐ 第一は、三分以内で決めてください。それ以上時間がかかったら駄目です。 グループに入れない人が一人でもいたら駄目です。
- ☐ 第二は、他人のことを無理矢理ひきこまないで下さい。「好きな者同士」ですから、無理にひきこんではいけません。
- ☐ 第三は、入りたくなかったら、無理して入らなくてもいいということです。 自分の気にいらない人は、無理してはいけません。
- ☐ 第四は、もし、班がうまくできなかった時、他の人の責任にしないで下さい。 誰かの責任にしたら、二度とこのような方法はしません。

1　うまくいったグループの人は書いてください。
　　なぜうまくいったのですか？

2　うまくいかなかったグループの人は書いてください。
　　なぜうまくいかなかったのですか？

宿泊行事の学びを日常生活につなげよう

年　　　組　　　番　氏名（　　　　　　　　　　　　　　）

1　宿泊行事の自分の担当と仕事について良かった点、改善点を書きましょう。

担　　当	良かった点	改善点

2　宿泊行事の取り組みの中で見つけた「見習いたい」と思う友達の行動を書きましょう。

友達	行　　動

3.1と2を踏まえて、これからの学校生活で活かせそう、やってみようと思えることをできるだけ具体的に書きましょう。

楽しく将来のことを考える ワークシート

経営計画

1　自分年表（シート①）
2　「好きなこと」「得意なこと」から将来を考えよう（シート②）
3　一人暮らしの家計簿（シート③）
4　どんな時に幸せを感じるか？（シート④）
5　今までやってきたお手伝いを紹介し合おう！（シート⑤）

1　自分年表

このシートでは、自分の興味・関心や夢などをもとに未来を設計する活動を通して、自分の過去、現在、未来を考え、この後どのようにして生きていくのかを考えさせる意図があります。「夢なんかない」「将来は分からない」と言う生徒も多い。教師とのやりとりの中で、漠然とでも10年後、20年後の自分を明るくイメージさせ、今後の人生を前向きに生きていこうとする心情と態度を養っていきたい。

2　「好きなこと」「得意なこと」から将来を考えよう

このシートは、キャリア教育の序盤に行うことをイメージして作りました。自分のことを理解していくためには、客観的な意見も必要です。そのため仲間と話し合う場面を入れました。さらに、一人一台端末を使って、どの様な職業があるかを知ることが大事だと考えます。たくさんの職業があることを知るだけでも、少しずつイメージが湧いてきます。

3　一人暮らしの家計簿

一人暮らしにかかる費用を考えて、将来のお金の使い方について考えるワークシートです。一人暮らしにかかる費用を15万円としています。「1」のグラフは平均割合になります。答えは①住居費 ②食費 ③貯蓄 ④教養・娯楽 ⑤交通・通信費 ⑥水道光熱費 ⑦保健医療費 ⑧諸雑貨費となります。「1」の表をもとに自分なら何にお金をかけたいかを「2」に書きます。その後交流をして考えを共有しましょう。

4　どんな時に幸せを感じるか？

「仕事を選ぶ理由」として「人の役に立つこと」という項目が多く選ばれることがあります。では自分の「幸せ」を叶えてくれている仕事は何なのか、こういったことを普段は考えないと思います。このワークシートではそれに気づくきっかけとし、世の中の仕事に興味をもってもらうことを目的としています。

5　自分の家事力は？　今までやってきたお手伝いを紹介し合おう！

生徒にとって「仕事」となっているのは、家庭でのお手伝いでしょう。では自分は今までにどんなお手伝いをしてきたのか、それは他の人と比べて多いのか、少ないのか。こういったことは意外と知らないと思います。このワークシートをきっかけに自分は他と比べてどれくらい働いているのかを知り、働いている人は自信に、働いていない人は反省につなげてほしいと考えます。

自分年表

年　　　組　　　番　氏名（　　　　　　　　　　　　　）

1　小学校１年生から、今日までを振り返りましょう。

（満足度の欄は、記入例にあるようにその時の生活を思い出して、満足できていたら上の方に、満足できていなければ、下の方に線を引く）

学年	小1	小2	小3	小4	小5	小6	中1	中2	中3
＋ 満足度 －（記入例）									
＋ 満足度 －									
出来事、エピソード									
感じたこと、考えたこと									
経験から学んだこと									

2　上の表全体から感じたことや考えたことを記入しましょう。

「好きなこと」「得意なこと」から将来を考えよう

年 　 　 組 　 　 番 　 氏名 （ 　 　 　 　 　 　 　 　 　 　 　 ）

1　今、興味があること、得意なことはありますか。ある人はそれについて、ない人は自分の趣味や、よくやることについて書きます。

（ある・ない）

2　友達に「自分（私）」の得意なことを聞いて、メモしましょう。

3　自分の「好きなこと」「得意なこと」を踏まえて、どんな職業があるか資料を使って調べ、自分に合いそうかどうかを書きましょう。

職業名	内　容	自分との相性

一人暮らしの家計簿

年　　　組　　　番　氏名（　　　　　　　　　　　　　）

1　一人暮らしの支出の割合を考えましょう。

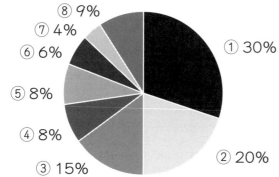

ア	住居費
イ	交通・通信費
ウ	食費
エ	保健医療費
オ	教養・娯楽
カ	水道光熱費
キ	貯蓄
ク	諸雑貨費

番　号	記　号	割　合	金額（合計15万円）
①		30%	45,000円
②		20%	30,000円
③		15%	22,500円
④		8%	12,000円
⑤		8%	12,000円
⑥		6%	9,000円
⑦		4%	6,000円
⑧		9%	13,500円

2　上の表をもとにあなたの考えを書きましょう。

増やしたいものとその理由

減らしたいものとその理由

3　18歳になると自分でローンを組んだり、投資をしたりすることもできるようになります。具体的にはどのようなことができるのか、インターネットで調べてみましょう。

どんな時に幸せを感じるか？

年　　　組　　　番　氏名（　　　　　　　　　　　　）

1　どんな時に幸せを感じますか。友達にも聞いてみましょう。

番号	だれ？	どんな時に幸せ？
1	自分	
2		
3		

2　上に書かれた幸せを作り出すためには、どんな仕事が必要でしょうか？
　調べて、書いてみましょう。（番号が対応する位置に書く）

番　号	幸せを作り出す仕事
1	
2	
3	

自分の家事力は？
今までやってきたお手伝いを紹介し合おう！

年　　　組　　　番　氏名（　　　　　　　　　　　　　）

1　自分が今までやってきたお手伝いを書き出しましょう。

お手伝い名	頻度（例：毎日、毎週1日）

2　友達のお手伝いを紹介してもらいましょう。

名　　前	お手伝い名	頻　　度

3　友達のお手伝いを知って、どうでしたか？　もっとやった方がいい、
　　十分できている、面白いお手伝いがあった、など感想を書きましょう。

仕事に目を向けるワークシート

経営計画

1　いくつの仕事を書けるかな？（シート①）
2　仕事大事にしたいことランキング（シート②）
3　あこがれの職業、なり方調べ（シート③）
4　職業体験何が大事？（シート④）
5　大人になったら役に立つ力は？（シート⑤）

1　いくつの仕事を書けるかな？

五十音の頭文字で始まる職業をできるだけ多く書き込んでいきます。細かいルールとして、半濁音や濁音も認めています。最後、他の生徒と共有することで職業名を多く知ることができます。生徒は全部埋めようと熱中します。そして、他にどんな職業があるか調べるようになります。

　（指導の流れ）
　指示：五十音で始まる職業をたくさん書きます。
　発問：例えば「あ」から始まる職業は何ですか。　―　アナウンサー
　指示：「あ」のところに「アナウンサー」と書きなさい。　　指示：それでは、五十音全部埋めなさい。

2　仕事大事にしたいことランキング

5つの選択肢の中から順位をつけます。順位をつけたら、一言理由を書きます。テキトーに順位をつけないために円グラフを使い、自分がどれぐらい比重を置いているのか視覚化します。最後に、実現に向けてしなければいけないことが何か考えます。自分が仕事で大事にしたいことに順位をつけるだけでなく、理由を考えさせ、さらに数値化・視覚化することで今の自分を見つめるきっかけを与えます。

3　あこがれの職業、なり方調べ

このシートでは、そもそも職業のイメージが湧かない生徒のために、「職業図鑑」を使って選択の幅を広くしています。その中から1つ選び、生徒に宣言させます。宣言させるからこそ、調べ学習に身が入ります。「なり方」を3つのステップでまとめることで、整理することができ、生徒も理解しやすくなります。これらの意図をもって作成しました。

4　職業体験何が大事？

このシートでは、体験前日に行うことを想定して作りました。内容的には1時間目に持ってきても通用する内容だと考えています。目的を共有し、この目的から自分の目標を考える活動を入れることでおおむね集団としてまとまることができると思います。「最後に」は担任が語ることで緊張感が生まれ、職業体験の意義をさらに意識させることができるのではないかと思います。内容は変えても問題ありません。例の一つと考えてください。

5　大人になったら役に立つ力は？

将来のことを考えると職業のことばかりが頭に浮かんできてしまいます。それも大切な視点なのですが、さらに大切なのは、自分がどんな力をもっているかです。その力をもっているから職業に就くことができるからです。では大人になったから役に立つ力とは何でしょうか？自分が就きたいと思っている職業を調べて考えても良いですし、身近な大人を参考に考えても良いです。最後にはその力をどのようにつけていけるかまで考えられると良いと思います。

目指せ五十音！　お仕事マッピング

年　　組　　番　氏名（　　　　　　　　　　　　）

■五十音で始まる職業をできる限り書きなさい。（例：「し」→消防士）
　※「ば」や「ぱ」も「は」に含まれるものとします。

あ		た		ま	
い		ち		み	
う		つ		む	
え		て		め	
お		と		も	
か		な		や	
き		に		ゆ	
く		ぬ		よ	
け		ね		ら	
こ		の		り	
さ		は		る	
し		ひ		れ	
す		ふ		ろ	
せ		へ		わ	
そ		ほ			

いくつ埋めることができたかな？　→　　　　　　　　　　　　　　　/44 個中

仕事で大事にしたいことランキング

年　　組　　番　氏名（　　　　　　　　　　　　　）

1　「仕事を選ぶ上で大事にしたいこと」に順位を
　つけましょう。

順位	項　　目	理　　由（一言）
	給料（収入）	
	職場の人間関係	
	仕事のやりがい	
	将来性・安定性	
	自由になれる時間	

2　円グラフで上記の大事にしたいことを表してみよう！

例）

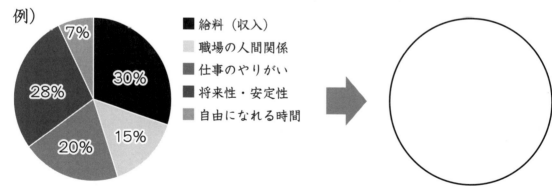

- 給料（収入）
- 職場の人間関係
- 仕事のやりがい
- 将来性・安定性
- 自由になれる時間

3　1番大事なことを選ぶ上で、今やらなければいけないことは何ですか。

あこがれの職業、なり方調べ

年　　組　　番　氏名（　　　　　　　　　　　　　）

1　皆さんの「あこがれの職業」を、QRコードを読み取り、3つ書きましょう。

職業図鑑

2　「なり方」を調べます。何の職業の「なり方」を調べるか、書きましょう。

私は

　　　　　　　　　　　　　　　　　　　　　　　　の「なり方」について調べます。

3　2で選んだ職業の「なり方」を調べ、3ステップでまとめましょう。

あこがれの職業へ

職業体験　何が大事？

年　　組　　番　氏名（　　　　　　　　　　　）

1　職業体験の目的を書きましょう。

2　職業体験の目的を達成するために、やるべきことを書きましょう。

3　職業体験の目的を達成するための目標を３つ書きましょう。

1：

2：

3：

最後に

職業体験を受け入れてくれた体験先の皆さんは、仕事の大切な時間を削って対応してくれています。だからこそ君たちは体験先の皆さんのために行動しなければなりません。これを「利他の心」といい、働くうえでとっても大切な考え方だと私は考えています。ぜひ有意義なものにしてください。

大人になったとき一番役に立つと思う力は？

年　　　組　　　番　氏名（　　　　　　　　　　　　　）

1　大人になったらどんな力が役に立つと思いますか？考えたり、調べたりしたことを書き出してみましょう。また一番大切だと思うことの番号には〇をつけましょう。

	大人になったら役に立つ力
1	
2	
3	
4	
5	

2　友達の意見を聞いて、メモしましょう。

3　友達との話し合いを踏まえて、一番役に立つ力を決めることができましたか？　その力をつけるために、どのようなことこれから頑張ったら良いですか？　書いてみましょう。

中学生
進路関係
3年編

自分の未来に向き合うための ワークシート

経営計画

1 自分の進路を考えよう①（シート①）
2 自分の進路を考えよう②（シート②）
3 学校見学大事なことは？（シート③）
4 自己PRをしよう！（シート④）
5 志望理由を書いてみよう！（シート⑤）

1 自分の進路を考えよう①

進路意識を持たせる一丁目一番地は、自己分析をすることにあります。自分が何に興味を持ち、何が嫌い・苦手なのかをはっきりさせることが重要です。このワークは個人で取り組ませ、学年ごとに蓄積していくと良いでしょう。毎年埋める項目が増えていき、自分の変遷を知ることができます。その変化が、自ら進路を決定する足掛かりになっていきます。

2 自分の進路を考えよう②

進路学習として進学先を調べさせる学習の導入として活用できるワークシートです。「1」で、希望する進路を線でなぞらせます。右の「就職・起業」から始めるのが望ましいです。続けて「2」をタブレット端末を活用して自由に調べさせます。「国立／私立」「受験してみたい」など、教師が範囲を限定して調べさせます。「3」を書かせた後、進路先を決める要因について意見を出し合い、議論させます。

3 学校見学大事なことは？

このシートでは、学校見学で何を見れば良いか明確にすることをねらいとしています。生徒は「何のために学校見学に行かなければならないのか」と疑問に持ちます。このシートで学校見学の目的を確認します。そして、どんなところを見たいのか生徒から意見を出します。最後は宣言をさせます。そのためには学校見学の日程を調べなければなりません。タブレット等で調べさせます。

4 自己PRをしよう！

このシートでは、5つのステップで1分以内に自己PRができるようになることをねらいとしています。面接練習の際、この言葉をつなげていけば一つの自己PR書が完成します。自己PRで何を話していいか分からない生徒向けに作成しました。また、話す内容がないという生徒については先生と対話をしながら引き出してみてください。

5 志望理由を書いてみよう！

このシートでは、高校の特色を志望理由に入れるという意図があります。どうしても「アルバイト」「部活」「体育祭・文化祭」などのように活動がメインになってしまう生徒が多くなります。そもそも「高校は勉強しに行くところ」という意識を忘れさせないために調べさせ、学習と活動の両方が志望理由に入るように書かせます。そうすることで、より具体的なイメージを持つことができるため、面接にも生かすことができます。

自分の進路を考えよう①

年　　組　　番　氏名（　　　　　　　　　　　　　）

1　自己分析をしてみよう！

進路を決めるためには、自分のことをよく知ることが大切です。

ワークに沿って自分のことをまとめましょう。

学年	振り返り	印象に残っている出来事	まとめ、共通点
1年	どんな性格？ 得意な教科・勉強 自慢できること 将来の夢・目標		
2年	1年に比べて変化したこと 一番努力したこと 一番嬉しかったこと 将来の夢・目標		
3年	1・2年から変化したこと 誰にも負けないこと どうしても苦手なもの 進路希望・夢		

2　将来の自分を想像してみよう！

これまでを振り返って、あなたの個性や得意なこと、興味関心を将来に結びつけてみましょう。

5年後の自分の姿	10年後の自分の姿	20年後の自分の姿

自分の進路を考えよう②

年　　組　　番　氏名（　　　　　　　　　　　　　　）

1　自分の辿りたい進路をなぞりましょう。

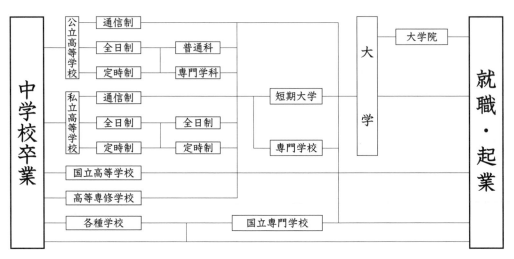

2　辿りたい進路にそれぞれどんな学校があるのか調べましょう。

就職・大学

高等学校・各種学校

3　「2」を調べてみて、わかったこと、気づいたこと、思ったことを書きましょう。

発展：わかったこと、気づいたこと、思ったことを出し合い、学級で議論してみましょう。

学校見学大事なことは？

年　　組　　番　氏名（　　　　　　　　　　　　）

1　学校見学では大きく３つできることがあります。３つ書きましょう。

2　何のために「学校見学」に行くのですか？自分の考えを書きましょう。

3　自分が学校見学で「見たいポイント」をそれぞれ書きましょう。

	学校施設の見学	授業の見学、体験	部活動の見学
見たいポイント			

4　最後に宣言しましょう

私は〔　　　　　　〕月〔　　　　　　〕日に

_____ を見るために

〔　　　　　　　　　　　　　　　〕高校を見学します！

自己 PR をしよう！

年　　組　　番　氏名（　　　　　　　　　　　　　）

5つの STEP で自己 PR をしよう！

1　あなたの長所を一言で表すとしたら何ですか？

2　長所を発揮したエピソードを書きましょう。

3　主に、どんな課題・目標にチャレンジしましたか？

4　課題達成のため、どんな努力・工夫をしましたか？

5　自分の長所を活かして、高校でどんなことをしていきたいですか？

志望理由を書いてみよう！

年　　組　　番　氏名（　　　　　　　　　　　　）

1　高校でやりたいことを書きましょう。

2　あなたが目指している高校のHPを調べ、高校の特色をまとめましょう。

3　1と2の内容を使いながら、志望理由を書きましょう。

貴校を志望した理由は、①＿＿＿＿＿＿＿＿＿＿＿＿＿＿＿＿＿＿＿＿＿だからです。

私は高校で②＿＿＿＿＿＿＿＿＿＿に力を入れたいと考えています。説明会に参加した時、

③＿＿＿＿＿＿＿＿＿＿＿＿＿＿＿＿＿＿＿＿＿＿と説明を聞いて、ここでなら充

実した高校生活を送ることができると思い、志望しました。

アドバイス：①には学習のことと（学習以外の）やりたいことを書きましょう。
　　　　　　②、③には高校の特色に触れて書いてみましょう。

世の中に目を向けるための ワークシート

中学生
世の中の
こと編

経営計画

1　優先席があいていたらどうする？（シート①）
2　使うなら現金？　電子マネー？（シート②）
3　異文化コミュニケーション　いくつ知っている？（シート③）
4　「男女」の区別これはいい？　あれはいい？（シート④）
5　世の中の不便、見方を変えたら良いことかも!?（シート⑤）

1　優先席があいていたらどうする？

このシートでは、正解・不正解がありません。教師の考えを押しつけることが無いよう、生徒から出てくる様々な考え方を認め、褒めてあげてください。明らかに間違った考え方も、教師ではなく生徒から引き出しましょう。ベストではなくベターな考え方を生徒が持ち、実際に行動に移せるようになることが。望ましいです。

2　使うなら現金？　電子マネー？

様々な場所で電子マネーが当たり前に使える時代となりました。しかし現金を使うことがなくなったわけではありません。これから自分で稼いだお金をもち、使っていくことに生徒にとって現金の良さ、電子マネーの良さを知っておくことは必要なことです。時間があるなら調べる時間をとり、知識を得たうえで議論をさせたいです。

3　異文化コミュニケーション　あなたはいくつ知っている？

日本に住む外国の方は増えています。また外国に移り住む日本人も増えています。そのうえで大切になるのは、相手の文化を知り、尊重しようとする姿勢です。そのためのきっかけとして異文化に興味をもってもらうことを目的としています。これを機に他の異文化にも興味をもち、調べていってくれたらうれしいです。

4　「男女」の区別これはいい？　あれはいい？

このシートでは、男女の区別の事例を検討することを通して、学級の男女の仲が良くなるための手段の一つとなるように意図されています。社会にある一般的な男女区別をそれぞれ立場を決めさせて理由を言わせます。調べると男女の区別が過去と現在、日本と世界で違うことに気がつきます。それを踏まえて再度、男女の区別についてクラスで議論してみましょう。

5　世の中の不便、見方を変えたら良いことかも？

世の中にはまだまだ不便に感じることが多いです。それを改善していくことは大切です。しかし見方を変えれば、良い点があるということも考えられます。ただ不満を抱くだけでなく、そのものの良さを見付ける見方を養ってほしいと考えます。

優先席があいていたらどうする？

年　　組　　番　氏名（　　　　　　　　　　　　）

1　次の文に賛成の場合は○、反対の場合は×、どちらとも言えないとき
は△を書きましょう。

①優先席で眠ってはいけない。　　　　　　　　　　　　　（　　　　）

②若者は優先席に座ってはいけない。　　　　　　　　　　（　　　　）

③優先席があいているのに立っていたら、邪魔になる。　　（　　　　）

④優先席は譲るべきだが、普通席は譲らなくても良い。　　（　　　　）

⑤周囲に座りたそうな人がいなければ、優先席に座っても良い。　（　　　　）

2　優先席があいているときどうしますか。どれかに○をつけましょう。

　ア）絶対に座る。　　　　　イ）絶対に座らない。　　　　ウ）時と場合による。

3　それぞれの理由を書きましょう。

例）専用席と違って座っても良い場所だから座る。
例）足腰を鍛えるために座らない。
例）けが人や妊婦さん、高齢者がいたら譲る。

使うなら現金？　電子マネー？

年　　組　　番　氏名（　　　　　　　　　　　　　　　）

今は多くのお店で電子マネーの利用が可能になっています。しかし、現金が使われることがなくなったわけではありません。皆さんは、どちらを使いたいですか？まだ今は使えないという人は、大人になったらどうしたいか、考えてみましょう。選ぶ方に〇をつけ、理由を書きましょう。

現金派　　　　　　　　　　　　電子マネー派

1　選んだ理由

2　友達の意見をメモしましょう。

3　友達の意見を受け、最終的な自分の意見をまとめてみましょう。

異文化コミュニケーション
あなたはいくつ知っている？

年　　組　　番　氏名（　　　　　　　　　　　　　）

1　下の〇に当てはまる言葉を書いてみましょう。

（1）フィンガークロスはアメリカなど
では「〇〇を〇〇」という意味。

（2）ピースサインはギリシャで
は「〇〇」のサイン。

（3）アメリカやヨーロッパでは〇〇〇
を渡す習慣がある。

（4）インド人は食事の時、〇〇
を使わない。

2　ほかにも私たちが知らない外国の文化があります。調べてみましょう。

国	文　　化

世の中の「男女」の区別
これはいい？　あれはいい？

年　　組　　番　氏名（　　　　　　　　　　　　　）

男女の区別について。議論してみましょう。

1　「男女」の区別、あなたはどう考えますか？　クラスで議論しましょう。

お風呂

良い・良くない

トイレ

良い・良くない

呼び名

良い・良くない

制服

良い・良くない

レディーファースト

良い・良くない

スポーツ競技

良い・良くない

2　いつから区別されるようになったのか、他の国ではどうか調べましょう。

3　別の事例についてもクラスで意見を出し合い、議論しましょう。

世の中の不便、見方を変えたら良いことかも!?

年　　組　　番　氏名（　　　　　　　　　　　　　）

1　生活している中で、不便だな、困るなと思うことはありませんか？そういったものも見方を変えたら良いことかもしれません。見方を変えて、良いところを見つけてみましょう！

不便なこと	見方を変えると…
例：階段しかない建物	例：運動になる

2　友達の意見を聞いて「これいいな」と思う見方をメモしましょう。

不便なこと	見方を変えると…

中学生　文化祭編

文化祭への取り組みをレベルアップさせるワークシート

1　合唱コンクールにむけて

発問1：部活動、どんなことができるようになりたいですか。
　　　　「技術向上、体力向上、あいさつ、整理整頓、粘り強さ」
説明1：なりたい姿や目指したい姿が物事を成すときに必要なゴールです。これを目的と言います。
　　　　言ってご覧なさい。
発問2：合唱の目的（合唱を通して皆さん自身がなりたい姿、クラスが到達したい姿はどんな姿）
　　　　は何ですか。箇条書きで理由も書きなさい。書けたらお隣に言います。
発問3：その目的を達成するための必要な行動は何ですか。お隣さんに言います。
説明2：目的を達成するための必要な行動を目標と言います。言ってご覧なさい。
発問4：合唱の目標は何ですか。具体的にたくさん書きなさい。
説明3：目標ばかりを設定し、本来目指したい姿が見えないことが多いのです。
　　　　様々な場面において、目指したい姿＝目的を設定し、それを達成するために、何を具体的
　　　　に行う必要があるか＝目標を立てて行動して参りましょう。

2　合唱レベル今いくつ？

合唱の練習といっても、生徒は具体的に何を意識すればいいかわかりません。そういったことが起こらないように、ポイントを表にまとめました。できたことは○をつけていき、最終的にすべてに○がつくように練習をさせていきます。このように具体的な目標があると、生徒もやる気をもって練習に取り組めるのではないかと思います。

3　合唱曲の歌詞について考えよう

合唱コンクールで歌う合唱曲について考えます。
自分がその曲に対してどのような考え、思いを持って歌っているかを確認することができます。歌詞の意味や、誰に伝えたいかなど、ただ歌を歌うだけでなく、歌い手からのメッセージとしての合唱を考えることで、行事としての合唱の意味や価値に触れさせることができます。

4　展示会感想シート

ただ見ているだけの状態だと、生徒の中には、見るのに飽きてしまう人が出てしまうかもしれません。そうならないように、よく見させる必要があります。こういったシートを用意すれば、ただぼーっと見ずに意識的に見学するようになります。また、今まで知らなった友達の良さなどにも気づくことができるかもしれません。

5　文化祭で学んだことを日常生活につなげよう

このシートでは、文化祭の自分の取り組みを振り返り、学んだことを日常生活につなげる行いを決める意図があります。まずは文化祭の振り返りを点数化し、まとめていきます。そうすることで、自分ができたことと向き合い、これから日常生活につなげることを明確にする機会となります。シンプルに学んだことをまとめていき、次に向けて努力することを見える化できることをねらいとしています。

合唱祭・コンクールに向けて

年　　　組　　　番　氏名（　　　　　　　　　　　　　　　）

1　合唱を通して、あなた・学級はどんな姿になりたいですか？

目的：目指す姿

2　合唱に取り組む目的は何ですか。

目標：手立て

3　目標（目的を達成するために行う具体的な行動）は何ですか。

合唱レベル今いくつ？

年　　　組　　　番　　氏名（　　　　　　　　　　　　　　　）

1　合唱の仕上がりは一人一人の上達に規定されます。次のうちできていることに〇をつけましょう。（〇一つで5点です）

家で10回以上練習した	家で50回以上練習した	家で100回以上練習した	家で500回以上練習した	家で1000回以上練習した
歌詞を覚えている	音程を覚えている	リズムを覚えている	強弱の箇所を覚えている	伸ばすところを覚えている
歌う時に腹式呼吸を意識している	歌う時の姿勢を気を付けている	歌う時の口の開き方を意識している	歌う時の目線を意識している	体の力を抜いて歌うことを意識している
ほかの人に負けない大きな声を出せている	ブレスを意識している	伸ばすところを最後まで伸ばせている	他のパートにつられず歌えている	歌詞の意味を理解して気持ちをこめて歌っている

合計＿＿＿＿＿点

2　上記アンケートを見て、これから自分が頑張りたいことを書きましょう。

合唱曲の歌詞について考えよう

年　　組　　番　氏名（　　　　　　　　　　）

1　合唱曲（課題曲、自由曲）の歌詞で一番好きな一文を書きましょう。

2　この歌詞は、誰（何）が誰（何）に対して歌ったものですか。

3　この歌詞の場面を想像しましょう。

①いつ	②どこで	③何をしている

4　この歌詞の最も盛り上がる部分（サビ）の一文を書きましょう。

5　「4」の言葉を、隣の人に言ってみましょう。

6　合唱曲の歌詞の意味を誰に伝えたいですか。

7　歌詞の意味が相手に伝わるように歌うには、どのような表現の仕方の工夫がありますか。

展示会感想シート

年　　組　　番　氏名（　　　　　　　　　　）

1．誰のどの作品が印象にのこりましたか。書きましょう。

誰？	何という作品？	どこが印象的？

2　来年はこんな作品を作ってみたい！というのを今のうちにイメージしておきましょう。

どの作品？	どんな作品にしたい？

文化祭で学んだことを日常生活につなげよう

年　　組　　番　氏名（　　　　　　　　　　　　　）

1　今回の文化祭の達成度を点数化して、その理由を書きましょう。

文化祭達成度 100 点満点中 点	【理由】

2　今回の文化祭で学んだことをまとめましょう。

3　今回の学びをどのように日常生活につなげるかまとめましょう。

主体的に勉強に取り組む ためのワークシート

経営計画

1 テストの意味を考えよう（シート①）
2 テスト計画の立て方を学ぼう（シート②）
3 定期試験に向けた計画表（シート③）
4 勉強の仕方（シート④）
5 テスト後が大事、取り組み振り返りシート（シート⑤）

1 テストは何のためにするの？ テストの意味を考えよう

テストは受けるものだと、子どもたちは盲目的に考えているかもしれません。テストの目的を改めて考える機会を作ることで、テストによって自分の力がどれくらい伸びたかを知ることができ、自分がこれから頑張らなければならないことが何かを見つけることができるようになるでしょう。ただ点数の増減に一喜一憂するテストの受け方から、自分の力を伸ばすことに着目した意義あるテストの受け方に変えていくことが目的です。

2 テスト計画の立て方を学ぼう

「勉強時間を設定しても、何をしたらいいのかわからない」という生徒がいます。「1」で方法や手順を選ばせます。例をもとに1つ書かせたら、「2」に進みます。表にこだわらずに自分のやり方を書かせます。
教師がさらにくわしくやり方を教えたり、生徒に自分のやり方を発表させたりします。
「3」を書いた後、意見を出し合いそれらの対策についてどうしているかを発表し合います。

3 定期試験に向けた計画表

説明：2週間後に定期テストを迎えます。物事は、計画ができた時点で8割成功。残りの2割は実行して目標に達することができる、という考え方があります。計画を立てて、テストに臨まないと良い結果は出ません。計画をしっかりした人はたとえ計画どおり行かなくても「今日は○○までやっておかないといけなかったのに……計画変更して明日は△△までやろう」と自分で再スタートすることができます。計画があいまいだと、「いつまでに」「どのくらい」やっておかないといけないかさえわかりません。また、テストはテスト範囲を一通りだけでは足りません。テスト範囲を3度勉強して臨むことが大切です。そのような意識でテスト計画表を作成しましょう。テストに向けて悔いの残らないように全力で取り組みましょう。
このような説明をした後、計画を立てさせます。

4 勉強の仕方

どうしても問題集などは、一度やったら満足してしまう、ということがあります。そうならないためには、繰り返し取り組むためのシステムが必要です。問題集の使い方を教えることで、自分ができないことがわかり、できるように取り組むという「勉強の仕方」が身に付きます。この方法はどの教科でも活かせる内容になっているので、早い段階で身につけさせたいです。

5 テスト後が大事、取り組み振り返りシート

このシートは、定期テストなどのテスト後に自分の努力の方向性を確認させるために使います。テスト対策には、日常的に取り組まなければいけない事と、テストが近くなったら取り組むものがあると思います。また、子どもの性格で、コツコツ取り組める子もいれば、直前になって力を発揮する子もいます。どちらの性格であっても、努力の方向性を定める事が大事だと考えこのようなワークシートにしました。

テストの意味を考えよう

年　　　組　　　番　氏名（　　　　　　　　　　　　　　）

1　何のためにテストをするのでしょうか？まずはテストがなかったら困ることを考えてみましょう。

2　友達に意見を聞いて、書き込みましょう。

3　テストに向けてどのような取り組みが望ましいと思いますか？　自分の考えを書いてみましょう。

テスト計画の立て方を学ぼう

年　　　組　　　番　氏名（　　　　　　　　　　　　）

テストは入試の練習であり、自身の力を確かめる手段の一つです。
方法や手順を組み合わせ、順序よく並べて計画を立てましょう。

1　学び方の方法や手順を組み合わせて、計画のもとをつくりましょう。

	項目	フェーズ1	フェーズ2	フェーズ3
I	目標を立てる	テスト範囲を知る 国社数理英他( )( )( )	テスト範囲の内容を詳しく知る 国社数理英他( )( )( )	目標を数値で立てる 国社数理英他( )( )( )
II	読む	1回音読する 国社数理英他( )( )( )	10回以上読む 国社数理英他( )( )( )	暗記してスラスラ言える 国社数理英他( )( )( )
III	書く	指書きして覚える 国社数理英他( )( )( )	うつし書きして覚える 国社数理英他( )( )( )	見ないで書けるか確かめる 国社数理英他( )( )( )
IV	問題を解く	答えを書き写す 国社数理英他( )( )( )	答えをみながら解く 国社数理英他( )( )( )	答えを見ないで解く 国社数理英他( )( )( )
V	ノートをつくる	ノートを1冊準備する 国社数理英他( )( )( )	要点をまとめる 国社数理英他( )( )( )	予想問題をつくる 国社数理英他( )( )( )
VI	終わってからの努力	目標と結果をくらべる 国社数理英他( )( )( )	計画と実際をくらべる 国社数理英他( )( )( )	自力分析して計画をより良くする 国社数理英他( )( )( )

例：国語の教科書を10回以上読む

国語　社会　数学　理科　英語
の
教科書　ノート　その他（　　　　　　）
を

2　テスト計画に取り入れたい方法や手順を3つ書き出しましょう。

①

②

③

発展：どんな方法や手順を行なっているか、なぜそうするのか理由をクラスで発表し合いましょう。

3　何が勉強の邪魔をしそうですか。箇条書きで3つ書きましょう。

①

②

③

発展：クラスで出し合って対策を議論しましょう。

定期試験に向けた計画表

年　　組　　番　氏名（　　　　　　　　　　　　　）

目標点数（１００点満点）

国語……（　　　　）点　　社会……（　　　　）点　　数学……（　　　　）点

理科……（　　　　）点　　英語……（　　　　）点

★目標合計点（　　　　／５００）点

日付	国語	社会	数学	理科	英語	予定学習時刻	勉強予定	勉強時間実施	自己評価5点満点	担任印
【例】〇月〇日（日）	漢字ノート	社会ワーク　P30～35	プリント2番	なし	なし	10～12 13～15 19～21	6時間	5時間45分	5/5点	
1週間の振り返り							合計時間	合計時間		
									/35点	

勉強の仕方（基本編）

年　　　組　　　番　氏名（　　　　　　　　　　　　　　）

家庭学習のポイント

決めた**時間**に決めた**時間だけ**、机の前に座る。

机の前に座る**習慣**を身につけるため。

問題集のやり方

自分は、どの問題ができ、どの問題ができないのかを知ることがポイント！

できた問題には／、できなかった問題には✓を入れる練習をしてみましょう。

■1週目

できた ➡ (1)	できなかった ➡ ✓(1)

■2週目（1週目できなかった問題だけをやろう！）

できた ➡ ✓(1)	できなかった ➡ ✓✓(1)

■3週目（2週目でもできなかった問題だけをやろう！）

できた ➡ ✓✓(1)	できなかった ➡ ✓✓✓(1)

テスト後が大事、取り組み振り返りシート

年　　　組　　　番　氏名（　　　　　　　　　　　　　　）

1　自分が目標にしていた点数と今回のテストの点数を書きましょう。

目標にしていた点数	
今回のテストの点数	

2　目標を達成できた理由、できなかった理由を書きましょう。

3　今日から日常でやるべきことを書きましょう。

4　目標点数を書き入れ、テスト二週間前から、やるべきことを書きましょう。

次回目標点数：

安心・安全をつくりだす ワークシート

経営計画

1　学校生活のルールを確認しよう（シート①）
2　学級目標を考えよう（シート②）
3　掃除の大切さについて（シート③）
4　給食準備を早くしよう（シート④）
5　友達の名前を覚えよう（シート⑤）

1　学校生活のルールを確認しよう

4月当初は、新たな生活に戸惑う生徒も多いことかと思います。特に自分が何をしていいか明確にわからないことからくる不安感が大きいでしょう。そこでこのワークシートでは、自分の仕事を明確に記すことで、やるべきことを整理することを目的としています。また小学校との違いを整理することで、中学校の生活上気をつけるべきことを確認することを目的としています。

2　学級目標を考えよう

発問1：どのようなクラスが「理想のクラス」ですか。ワークシートに書きなさい。
指示1：書けたらお隣さんと言い合います。
発問2：1に書いた内容を実現するためには、どのようなことが必要ですか。ワークシートに書きなさい。
指示2：書いたらお隣さんと言い合います。
指示3：発問1、2の考えを聞いて、共通するキーワードを挙げてみましょう。
指示4：3を踏まえて、学級目標を提案しましょう。
指示5：書けたらワークシートを前に持ってきましょう。
指示6：決まった学級目標を達成するためにどのようなことを頑張りたいですか。
指示7：書けたらお隣さんと言い合います。
上記のような流れで授業することができます。

3　掃除の大切さを伝えるワークシート

掃除は「目の前のものをきれいにする」だけではなく、それ以上の効果があります。このことを鍵山秀三郎さんの言葉から気づかせたいです。掃除によって倒産しそうになった会社を立て直したという事実があるため、言葉に力があります。「トイレ掃除の意義」は5つとも大切ですが、1つに絞ることによって生徒の意識の中により深く刷り込まれていきます。掃除に対する付加価値に気づいた生徒は、掃除の取り組み方も変わるはずです。

4　給食準備を早くしよう

まず「1」でなぜ給食準備を早くするのかを考えさせます。行動の意味を理解していなければ人は動きません。次に「2」でポイントを示します。これは給食当番がなるべく早く準備をするということです。当番が素早く白衣に着替え、出発することがポイントです。最後に「3」で給食の準備を頑張るということは、クラスのために働くということだと価値付けし、頑張っている生徒を取り上げ、その行動を広げます。

5　友達の名前を覚えよう

仲を深める第一歩は「相手の名前を覚える」ことです。しかし、初めのうちはなかなか話し合えないものです。また、もとの友達と固まってしまい、結局関係性が固定化してしまうこともあります。教師がこのようなワークシートを使って意図的に「名前を呼び合う」機会をつくりだすことで、固定化せず、様々な生徒と関われる場をつくりだせます。

学校生活のルールを確認しよう

年　　　組　　　番　氏名（　　　　　　　　　　　　　　）

新しいルールのもと、生活が始まります。早くなれるためにルールのおさらいをして
おきましょう。

1　学級での自分の仕事は何ですか？またどのようなことをしますか。具体的に書き
　ましょう。
（1）自分の仕事の名前

（2）仕事内容

2　中学校のルールで小学校と違うものはどんなことがありますか。書き出して覚え
　るようにしましょう。

学級目標を考えよう

年　　組　　番　氏名（　　　　　　　　　　　）

良い学級をつくるためには、全員で目標を決め、それに向かって努力していくことが大切です。全員で意見を出し合い、学級目標を決定しましょう。

1　どのようなクラスが「理想のクラス」ですか？

2　1を実現するためには、どのようなことが必要ですか？

3　1、2のみんなの考えを聞いて、共通するキーワードを挙げてみましょう！

4　3を踏まえて、学級目標はこれだ！

5　学級目標達成に向けて、あなた自身　「どのようなことをしたい」、「がんばりたい」と思いますか？

掃除の大切さについて

年　　組　　番　氏名（　　　　　　　　　　　　　　　）

◎イエローハットという会社をつくった鍵山秀三郎さんは、倒産しそうだった会社を『掃除』によって立て直すことに成功しました。
　鍵山秀三郎さんは、トイレ掃除の意義について、次のア〜オのことを言っています。

ア　謙虚な人になれる
　どんなに才能があっても、傲慢な人は人を幸せにすることはできない。謙虚になるための確実で1番の近道がトイレ掃除です。

イ　気づく人になれる
　世の中で成果を上げる人とそうでない人の差は、無駄があるか、ないか。気づく人になることによって、無駄がなくなる。その「気づき」をもっと引き出してくれるのがトイレ掃除です。

ウ　感動の心を育む
　感動こそ人生。できれば人を感動させるような生き方をしたい。そのためには自分自身が感動しやすい人間になることが第一。人が人に感動するのは、その人が手と足と身体を使い、さらに身を低くして一生懸命取り組んでいる姿に感動する。特に、人の嫌がるトイレ掃除は最良の実践です。

エ　感謝の心が芽生える
　人は幸せだから感謝するのではない。感謝するから幸せになれる。その点、トイレ掃除をしていると、小さなことにも感謝できる感受性豊かな人間になれます。

オ　心が磨ける
　心を取り出して磨くわけにもいかないので、目の前に見えるものを磨く。特に、人の嫌がるトイレをきれいにすると、心も美しくなる。人は、いつも見ているものに心も似てきます。

1　上のア〜オを読んで、一番心に残ったこと、共感できることを1つ選びましょう。また、選んだ理由も書きましょう。

記号	選んだ理由

2　トイレ掃除ではなくても、あなたの担当場所の掃除をがんばれば、上記ア〜オのことが期待できます。今後、掃除に取り組むときのあなたの意気込みを書きましょう。

給食準備を早くしよう

年 　 組 　 番 　 氏名 (　　　　　　　　　　　　)

1　給食の準備が早いといいのはなぜですか?

2　給食の準備を早くするためのポイントは何ですか?

3　給食準備をがんばっている人は誰ですか?

友達の名前を覚えよう

年　　　組　　　番　　氏名（　　　　　　　　　　　　　　　）

クラスメイトのことをよく知ることは、これからの生活を良くしていくために必要不可欠です。
まずは、クラスメイトの名前を覚えて、お互いに呼び合える関係をつくりましょう！
自己紹介ゲームをしましょう。以下のルールにそって、たくさんの友達と自己紹介をし合いましょう。

ルール（１）お互いに自分の名前を伝え、一言ずつ言い合いましょう。それで自己紹介完了です。

（２）自己紹介１回につきポイントをゲットできます。ポイントは

同じ小学校のクラスメイト……………………………………１点

違う小学校だけどもともと知っているクラスメイト……………２点

違う小学校で話したことのないクラスメイト…………………３点

（３）自己紹介が終わったら下のシートに名前を書いてもらいましょう。書いてもらった
ら、その右の枠に点数を書きましょう。もしシートがすべて埋まってしまったら、
裏に書いてもいいです。

（４）時間になったら席に座ります。合計点を計算しましょう。

自己紹介得点シート

	名　　前	点　数		名　　前	点　数
1			21		
2			22		
3			23		
4			24		
5			25		
6			26		
7			27		
8			28		
9			29		
10			30		
11			31		
12			32		
13			33		
14			34		
15			35		
16			36		
17			37		
18			38		
19			39		
20			40		

合計得点 [　　　　　]

<table>
<tr><td>中学生
5月</td><td># クラスメイトとの関係を
つくりだすワークシート</td></tr>
</table>

経営計画

1 リーダーとフォロワーの関係を築こう（シート①）
2 中学校にきて驚いた小学校との違い（シート②）
3 席替えは何のため？「好き嫌い」を超えた人間関係を築こう（シート③）
4 いじめは犯罪（シート④）
5 すごろくで仲良くなろう（シート⑤）

1 リーダーとフォロワーの関係を築こう

「学級づくり」は、統率する側の立場になった生徒が自ら進んで行動するだけではうまくいかないことに気づかせることが重要です。「1」で自己評価をさせます。「2」で具体的な行動に置き換えて学級を評価させます。「関係なく認め合える状態とは、協力できる、助け合えるかということです」と説明を加えます。「2」から学級で解決したい内容を一つに絞り、「3」で意見を出し合って改善策を検討させます。

2 中学校にきて驚いた小学校との違い

小学校と中学校の生活の違いに困る生徒がいます。そういった生徒が一人で悩まずに、悩みを共有し、共に乗り越えていけるようにすることをこのワークシートでは目的としています。また、この時期に友達や先生に相談して「良かった」と感じられる経験をすることは、その後の学校生活でも良い方向に働きます。

3 席替えは何のため？「好き嫌い」を超えた人間関係を築こう

席替えは、生徒にとってとても楽しいイベントです。そのためそのままやってしまえば、自分によって良い席になれば喜び、思うようにいかなければ不平不満が出ます。しかし、席替えとは本来、「まだ関わりが少ない人と関わるきっかけ」であるべきです。「1」ではまずそのことに気づかせるようにしています。それを全体で共有することでこれから数度ある席替えを意義あるものにすることができるでしょう。

4 いじめは犯罪

加害者側は、いじめている意識がない場合が多いです。「軽い気持ち」「ふざけているだけ」という認識です。しかし、被害者が「これはいじめだ」と感じたらそれはいじめです。モラル的な側面から教えることも必要だが、法的な側面からも教えていくことも必要である。このワークシートを通して「軽い気持ちでやっていることが、犯罪につながる」ということを認識させます。
（1）暴行罪　（2）傷害罪　（3）傷害罪　（4）器物破損罪　（5）窃盗罪
（6）強盗罪　（7）侮辱罪

5 すごろくで仲良くなろう

駒（消しゴム等でよい）とサイコロ（グループに一つ）を用意します。席替えをしたときなど新しい生活班で実施します。じゃんけんで順番を決める。順番にサイコロを振り、出た目だけ駒を進ませ、駒が止まったマスの質問等に答えます。自己開示のスピーチをしたり、友達の話に耳を傾けたりなど、新しい仲間とのコミュニケーション手段です。

リーダーとフォロワーの関係を築こう

自分のことしか考えない人の集まりでは学級は乱れます。

1　あなたはどのタイプに当てはまりますか。
　□ ①集団がより良くなるように、一歩前に出て行動する人
　□ ②一歩前に出て行動する人を助ける人
　□ ③一歩前に出て行動する人の言動に従って行動する人
　□ ④一歩前に出て行動する人の言動に無関係に行動する人
「①」をリーダー、「②」をサブリーダー、「③」をフォロワーと言います。

2　自身の「学級での行動」をチェックしてみましょう。
　①リーダーとしての行動

Ⅰ 自ら動く	誰もやらなくても行動した	誰よりも行動した	自分の姿を示した	学級のためになることを提案した	学級のためになる提案を実行した
Ⅱ 関わる	全体に声をかけた	声かけが全体に広がった	活動が素早くなった	スムーズに活動ができた	全体がまとまった
Ⅲ 評価する	集団の姿を評価した	集団の良いところを見さけてきた	共に汗をかいてくれた仲間を見つけた	共に汗をかいてくれた仲間の言動を共有した	共に汗をかいてくれた仲間に感謝した

　②フォロワーとしての行動

Ⅰ 応える	リーダーの指示に従う	リーダーの声を広めた子に応える	リーダーの声を広める
Ⅱ 支援する	リーダーに提案する	リーダーに意見する	リーダーの代わりに行動する

リーダー、フォロワー関係なく認め合える学級になっていますか。下に丸をつけましょう。

なっている　・　なっていない

理　由

....

....

....

3　「2」をやってみて、学級をより良くするための行動を書きましょう。

発展：わかったこと、気づいたこと、思ったことを出し合い、学級で議論してみましょう。

中学校にきて驚いた小学校との違い

年　　組　　番　　氏名（　　　　　　　　　　　）

1　小学校と中学校の違いを書き出してみましょう。

小学校	中学校

2　1の中で自分が困っていることはありますか？あるならば、書いてみましょう。
　また友達と意見を交換しあって、解決策を考えましょう。

困っていること	解決策

席替えは何のため？
「好き嫌い」を超えた人間関係を築こう

年　　組　　番　氏名（　　　　　　　　　　　　　）

1　席替えの目的
席替えは何を目的に行うものですか？

【あなたの考え】

【クラスのみんなの考え】

【　　　年　　　組の席替えの目的】

みんなで決めた目的に沿って、席替えのルールを決めよう！

2　席替えのルール
【　　　年　　　組の席替えのルール】

みんなで決めたルールに沿って席替えを行いましょう！

いじめは犯罪

年　　組　　番　氏名（　　　　　　　　　　　　　）

1　次の行為は、どのような罪に当たる可能性がありますか。

　下の┌──────┐から選びましょう。

(1)　友達にふざけてパンチをしたり、蹴ったりした。　□□罪

(2)　友達にふざけてパンチをしたり、

　　蹴ったりしてけがをさせてしまった。　□□罪

(3)　無視したり嫌がらせをしたりして、精神的に病ませた。　□□罪

(4)　他人の持ち物を壊した。　□□□罪

(5)　他人の持ち物を隠したり、無断で借りたりした。　□□罪

(6)　他人の持ち物を強引にとった。　□□罪

(7)　悪口を言った。　□□罪

┌─────────────────────────────┐
│　暴行罪　傷害罪　器物破損罪　窃盗罪　強盗罪　侮辱罪　│
└─────────────────────────────┘

2　もし上記の罪を犯してしまった場合、どのくらいの罰金を支払う必要があるのか
　調べてみましょう。

　暴行罪　　　（　　　　　　　円）　　　傷害罪（　　　　　　　円）

　器物破損罪（　　　　　　　円）　　　窃盗罪（　　　　　　　円）

　強盗罪　　　（　　　　　　　円）　　　侮辱罪（　　　　　　　円）

3　いじめは「犯罪」につながる可能性があります。クラスのみんなが嫌な思いをせ
　ずに過ごせるよう、あなたにできることを書きましょう。

┌─────────────────────────────────┐
│　　　　　　　　　　　　　　　　　　　　　　　　　　　　│
│　　　　　　　　　　　　　　　　　　　　　　　　　　　　│
│　　　　　　　　　　　　　　　　　　　　　　　　　　　　│
└─────────────────────────────────┘

日常生活の中でふざけて「これは、○○罪だ！」と使わないようにしましょう。
困ったときには、親や先生に相談しましょう。

すごろくで仲良くなろう

年　　組　　番　氏名（　　　　　　　　　　　）

今、ほしいもの
は何？

好きな食べ物をリズム
よく3つ紹介しよう。

スマホ、タブレッ
トなど、1日に
どのぐらい使っ
ている？

今、1番やりた
いことは？

好きな芸能人
は？

今、一番行って
みたいところは？

ゴール！

実は私（自分）…

イライラムカムカ
発散法は？

小さい頃の夢
は？

最近、嬉しかった
ことは？

小学生の頃の
思い出は？

本日1番の笑顔を
見せよう (^^)

グループの皆に
言いたいこと。

家でやっている
お手伝いは？

「幸せ」と感じ
るときは？

尊敬する人は
誰？

誰かに質問！
【グループの1人
に質問をする】

自分に似合う色や
好きな色は？

「自立」とはどん
なことだと思う？

理想の
プロポーズ

人生で最もこわ
かった思い出は？

初恋のエピソードをこっ
そり教えてください。

最近感動した
こと。

右隣の人を褒めて
ください。

苦手な食べ物は？

声を出して笑って
みよう！(^^)

怒ると
どうなる？

好きな教科は？

所属している部活
（習い事）の魅力は？

この言葉だけはどうし
ても言われたくない。

1億円あった
らどうする？

「私、大人になっ
たな」と思う瞬間。

家族に一番言いた
いことは？

10年後のあなた
はどうしている？

今、自分で作れる料
理を3つ紹介しよう。

異性と付き合っていると
き、いつ親に紹介する？

自分ががんばってい
ると思うことは？

中学生 6月　学校生活を充実させる ワークシート

経営計画

1　「続けること」の大切さ（シート①）
2　教室を素敵な空間に！　どんな掲示物があったらいいかな？（シート②）
3　言語環境を整えるよう（シート③）
4　学習と部活動の両立のために（シート④）
5　綻びが出る前に学級での生活を見つめ直そう（シート⑤）

1　「続けること」の大切さ

「1.01 × 1.01 ×……× 1.01=37.8」のように、努力を「見える化」することによって、子供は続けることの効果をより実感することができます。「2　あなたが続けたいと思っていることを1つ書きましょう」で自分のことと結びつけて考えさせます。「今、すでに続けていること」を書いても良いです。「3　「2」に書いたことを続けた結果、どのような自分になれると思いますか。」でゴールをより鮮明にイメージできると、続けようという意欲が湧いてきます。「4」「5」で、続けるための具体的な方法を考えさせます。「4」「5」を書いた生徒に発表させるなどして、どのような方法があるかをクラス全体で共有させ、書けない生徒へのヒントとすると良いでしょう。

2　教室を素敵な空間に！　どんな掲示物があったらいいかな？

このシートでは、教室空間がより良くなるために、どのような掲示物があると良いのかを考える意図があります。教室のイラストのどの部分に何を掲示したいかを書き込みます。そうすることで、自分たちのクラスが素敵な空間になるために何が必要で、どのような配置が最適なのかが分かります。最後に何を掲示したいのかを欄に書き込み、自分の考えを整理します。生徒一人一人が教室環境について考えることをねらいとしています。

3　言語環境を整えよう

学級の言語環境を整えるワークです。

学級の集団生活の質や、生徒同士の関係性は、その集団の言語環境に左右されます。言語環境が整っていると、学級は成長の方向に向かいますが、一人一人の言葉遣いが乱暴だったり、悪口や陰口があったりすることで、お互いに信頼することができず、ギスギスした人間関係になってしまうことがあります。

学級の言語環境を整えるために、複数回に分けて、言葉遣いについて考えるワークに取り組み、自分たちの言語環境を振り返らせることができます。

4　学習と部活動の両立のために

まず、項目1の記入をさせます。学習と部活動の両立ができているか、今の自分の現状を知ることができます。全てが順調という生徒は少ないかもしれません。項目2では、今の自分の課題が何かを書かせます。クラスで交流をさせても良いでしょう。最後に、項目3で学習と部活動の両立ができている人を3人挙げさせます。クラスメートでも良いですし、先輩でも良いです。良いモデルを自分の中に持たせたいです。

5　綻びが出る前に学級での生活を見つめ直そう

学級での生活を振り返らせるワークです。現時点での生活が、学級目標と照らし合わせたとき、どのぐらいの達成度かを判断させます。個人の振り返りをもとにして、学級では何を意識して生活を送っていけば良いかを全体で話し合わせます。学級が不安定になる時期は6月以外にも11月、2月とあるので、学期に一度を目安に実施すると良いです。

続けることの大切さ

年　　組　　番　氏名（　　　　　　　　　　　　）

◎もし、あなたがこれまでの自分より１％多く努力をしたとします。１年間続けると、

$$1.01 \times 1.01 \times 1.01 \times 1.01 \times \cdots\cdots \times 1.01 \fallingdotseq 37.8$$

となります。もし、あなたがこれまでの自分より１％なまけたとします。１年間続けると、

$$0.99 \times 0.99 \times 0.99 \times 0.99 \times \cdots\cdots \times 0.99 \fallingdotseq 0.03$$

となります。 これは、「ほんのちょっとの努力をコツコツと積み重ねていくと、大きな結果を生み出し、逆にちょっとなまけると、やがては力がなくなってしまう」ということを表しています。

1　このお話を読んで、あなたが思ったこと、感じたことを書きましょう。

2　あなたが続けたいと思っていることを１つ書きましょう。

3　「2」に書いたことを続けた結果、どのような自分になれると思いますか。

4　「楽しい」ことは続けられます。「2」に書いたことを楽しみながらやるための工夫を書きましょう。（例：ゲーム感覚でやってみる。）

5　「4」で書いたこと以外で、続けるための工夫を書きましょう。
　　（例：毎日、決まった時間に、決まった場所で取り組むようにする。）

◎まずは、20日続けてみましょう。
　20日以上続けられる人は、全体の５％だけだと言われています。
　95％の「普通の人」になるか５％の「努力の人」になるか、決めるのはあなた自身です！

教室を素敵な空間に！
どんな掲示物があったらいいかな？

年　　組　　番　氏名（　　　　　　　　　　　）

1　教室のどの部分に何を掲示したら良いか書き込んでみましょう。

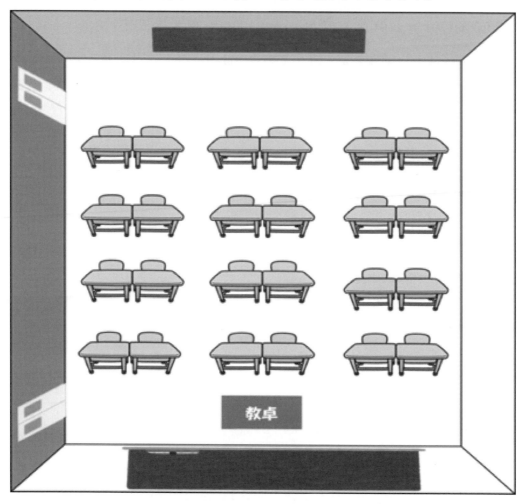

2

掲示するもの	選んだ理由

88

中学生　6月　シート②

言語環境を整えよう

年　　組　　番　氏名（　　　　　　　　　　　　　）

1　友人に言われて嬉しかった言葉を書きましょう。

2　友人に言われて悲しかった言葉を（嫌な気持ち）書きましょう。

3　どんな言葉がクラスに増えると安心して生活できますか。

4　感想を書きましょう。

学習と部活動との両立のために

年　　組　　番　氏名（　　　　　　　　　　）

1　あなたは学習と部活動を両立できていると思いますか。そう考える理由も書いて
みましょう。

2　学習と部活動の両立のために、何が課題だと思いますか。

3　あなたが思う、学習と部活を両立している人は誰ですか。3人挙げて、それぞれ
の人の良さを書いてみましょう。

綻びが出る前に学級での生活を見つめ直そう

年　　組　　番　　氏名（　　　　　　　　　　　）

年　　組　　学級目標	点　数
	／ 100

（1）点数を付けた理由（マイナス○点はなぜなのか。）を書いてください。

（2）（1）で出たマイナスを改善するための具体的な取り組みを書いてください。

（3）その他、学級をさらに成長させるためにどんなことが必要ですか。
　　　自由に書いてください。

中学生 7月 | 学期を締めくくるワークシート

経営計画

1　旅行にいくならどこがいい？（シート①）
2　１学期振り返りシート（シート②）
3　エゴグラムチェックリスト（シート③）
4　エゴグラムからみた自分の特徴（シート④）
5　長期休み前学級目標達成度ワーク（シート⑤）

1　旅行にいくならどこがいい？

これから夏休みに入るという時期に、旅行を通して、この先の計画を立てることをねらいとします。具体的にどこに旅行に行きたいかを書き出してみることで、先の見通しを立てることができます。その旅行を通して、どんな自分になりたいかをイメージすることで、夏休み明けの自分の姿が変わっていくと思います。

2　１学期振り返りシート

「点数」をつけることよりも、「その点数をつけた理由」を考えることが重要です。教師が何も言わなければ、「できなかったこと」だけを書く生徒が多くなってしまいます。「頑張ったことも書いて良い」と伝えておくと良いでしょう。振り返る項目は、「担任の思い」や「学級で力を入れていること」によってカスタマイズしても良いです。１学期振り返りシートは、通知表の所見に生かすこともできます。

3　エゴグラムチェックリスト

人の自我状態（エゴ）を５つのタイプに分類し、それを図表化したものです。エゴグラムのパーソナリティは、【CP：批判的な親、NP：養育的な親、A：大人、FC：自由な子ども、AC：従順な子ども】の５種類に分けられます。また、時期を変えて行うと、新たな成長（適応）としてのエゴグラムの変化が見られることもあります。分析から気づきを得て、自己理解に役立てられるとよいでしょう。

4　エゴグラムからみた自分の特徴

「3」のワークをやったあとに自分の特徴を確認するプリントです。

5　長期休み前学級目標達成度ワーク

学級目標をもとに、これからの行動を考えるワークシートです。まず「1」に取り組みます。さらにそこに込められた思いを全体で確認します。次に「2」に取り組みます。その際、できていないところではなく、できているところに着目して書かせましょう。書いたことは全体で共有します。どうしてできるようになったのか、プラスのことを「3」に書いていきます。最後に「4」に取り組み、長期休み明けの行動を決めます。

エゴグラム参考：杉田峰康『教育力カウンセリングと交流分析』チーム医療、1988年

旅行に行くならどこがいい？

年　　組　　番　氏名（　　　　　　　　　　）

1　この夏休み、どこか行きたいところはありますか。

2　その場所に行きたい理由は何ですか。

3　周りの人はどこに行きたいか、話し合ってみましょう。

4　旅行に行くことで、どんな自分になりたいですか。

１学期振り返りシート

年　　　組　　　番　氏名（　　　　　　　　　　　　）

◎１学期を振り返って、それぞれの項目に「点数（10点満点で）」「その点数を付けた理由」「あと１点上げるためには、どうすればよいか」を書いていきましょう。
※「あと１点あげるために」のところは、具体的な行動で示せるように書こう！
※10点満点だった人は、11点を目指すにはどうすればよいかを考えてみよう！

(1)授業態度について

点数	その点数を付けた理由

あと１点上げるためには、どうすればよいか

(2)掃除への取組

点数	その点数を付けた理由

あと１点上げるためには、どうすればよいか

(3)宿題への取組

点数	その点数を付けた理由

あと１点上げるためには、どうすればよいか

(4)係の仕事への取り組み

点数	その点数を付けた理由

あと１点上げるためには、どうすればよいか

エゴグラムチェックリスト

年　　組　　番　氏名（　　　　　　　　　　　　）

以下に示すエゴグラムの各質問に答えてください。
そうだと思うものには○を，違うと思うものには×を，どちらでもないと思うものには△を記入してください。できるだけ○か×で答えましょう。

			○	×	△
CP	1	あなたは、何ごともきちっとしないと気がすまないほうですか。			
	2	人が間違ったことをしたとき、なかなか許しませんか。			
	3	自分を責任感のつよい人間だと思いますか。			
	4	自分の考えをゆずらないで、最後までおし通しますか。			
	5	あなたは礼儀作法についてやかましいしつけを受けましたか。			
	6	何ごとも、やりだしたら最後までやらないと気がすみませんか。			
	7	親から何か言われたら、そのとおりにしますか。			
	8	「ダメじゃないか」「‥‥‥しなくてはいけない」という言い方をしますか。			
	9	あなたは時間やお金にルーズなことが嫌いですか。			
	10	あなたが親になったとき、子供をきびしく育てると思いますか。			
NP	11	人から道を聞かれたら、親切に教えてあげますか。			
	12	友達や年下の子供をほめることがよくありますか。			
	13	他人の世話をするのが好きですか。			
	14	人のわるいところよりも、よいところを見るようにしますか。			
	15	がっかりしている人がいたら、なぐさめたり、元気づけてやりますか。			
	16	友達に何か買ってやるのがすきですか。			
	17	助けを求められると、私にまかせなさい、と引きうけますか。			
	18	だれかが失敗したとき、責めないで許してあげますか。			
	19	弟や妹、または年下の子をかわいがるほうですか。			
	20	食べ物や着る物のない人がいたら、助けてあげますか。			
A	21	あなたはいろいろな本をよく読むほうですか。			
	22	何かうまくいかなくても、あまりカッとなりませんか。			
	23	何か決めるとき、いろいろな人の意見をきいて参考にしますか。			
	24	はじめてのことをする場合、よく調べてからしますか。			
	25	何かする場合、自分にとって損か得かよく考えますか。			
	26	何か分からないことがあると、人に聞いたり、相談したりしますか。			
	27	体の調子のわるいとき、自重して無理しないようにしますか。			
	28	お父さんやお母さんと、冷静に、よく話し合いますか。			
	29	勉強や仕事をテキパキと片づけていくほうですか。			
	30	迷信やうらないなどは、絶対に信じないほうですか。			
FC	31	あなたは、おしゃれが好きなほうですか。			
	32	皆とさわいだり、はしゃいだりするのが好きですか。			
	33	「わあ」「すげえ」「かっこいい！」などの感嘆詞をよく使いますか。			
	34	あなたは言いたいことを遠慮なく言うことができますか。			
	35	うれしいときや悲しいときに、顔や動作に自由に表すことができますか。			
	36	ほしい物は、手に入れないと気がすまないほうですか。			
	37	異性の友人に自由に話しかけることができますか。			
	38	人に冗談を言ったり、からかったりするのが好きですか。			
	39	絵をかいたり、歌をうたったりすることが好きですか。			
	40	あなたはイヤなことを、イヤと言いますか。			
AC	41	あなたは人の顔色をみて、行動をとるようなくせがありますか。			
	42	イヤなことはイヤと言わずに、おさえてしまうことが多いですか。			
	43	あなたは劣等感がつよいほうですか。			
	44	何か頼まれると、すぐにやらないで引き延ばすくせがありますか。			
	45	いつも無理をして、人からよく思われようと努めていますか。			
	46	本当の自分の考えよりも、親や人の言うことに影響されやすいほうですか。			
	47	悲しみや憂うつな気持ちになることがよくありますか。			
	48	あなたは遠慮がちで消極的なほうですか。			
	49	親のごきげんをとるような面がありますか。			
	50	内心では不満だが、表面では満足しているように振る舞いますか。			

（出典：杉田峰康『教育カウンセリングと交流分析』）

エゴグラムからみた自分の特徴

年　　組　　番　氏名（　　　　　　　　　　　）

質問紙に記入し終わったら、○は2点 △は1点，×は0点として、CP、NP、A、FC、AC
ごとに得点を計算してみましょう。その後、下のグラフに得点を点で打ち、それを線で結んで折
れ線グラフをつくりましょう。これがあなたのエゴグラムです。

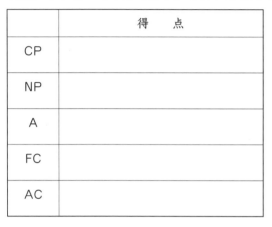

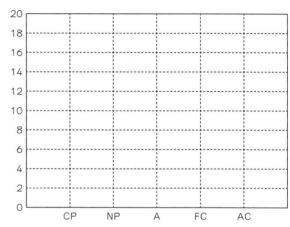

下の表にはそれぞれの項目でわかるその人の特徴がまとめられています。＋が数値が高い方の特
徴、—が数値が低い方の特徴となります。表を参考に自分の特徴を分析してみましょう。

①CP【厳しく鍛える，叱る，命令する，必要に応じて罰する】
＜＋＞理想の実現，良心，正義感，責任感，けじめ，強さ，厳しさ
＜－＞ほめるより責める傾向，支配的で命令調

②NP【愛情深く共感する，丸ごと受け入れる，やさしく慰める】
＜＋＞思いやり，同情，共感，保護，寛容，やさしさ，理解
＜－＞おせっかい，黙認，甘やかし

③A【現実に沿って冷静に状況分析，ものごとを理性的に判断】
＜＋＞理性的，適応的，事実に基づく判断，冷静な状況分析
＜－＞利己主義，打算的，人間味のなさ

④FC【何ものにも縛られない，ありのままに自分を表す】
＜＋＞自発性，天真爛漫，無邪気さ，自由な感情表現，自由奔放さ
＜－＞衝動性，わがまま，残酷，無責任

⑤AC【素直なよい子として保護を受ける，自分を抑えて人に合わせる】
＜＋＞従順，素直，権威に従う，我慢，感情の抑制，他人を気遣う
＜－＞主体性の欠如，消極的，不満を溜め込む，人の顔色をうかがう

分析した結果をみて、自分の特徴にどのような感想をもちましたか。感想を書きましょう。

長期休み前　学級目標達成度

年　　　組　　　番　氏名（　　　　　　　　　　　　）

1　学級目標を書きましょう。

2　達成度は何％ですか？　当てはまるところを○でかこみましょう。

0%　　　　　25%　　　　　50%　　　　　75%　　　　100%

理由

3　この学級が良くなった理由を3つ書きましょう。

①

②

③

4　学級をさらに良くするために、あなたができることを3つ書きましょう。

①

②

③

2 学期のスタートダッシュを切るためのワークシート

経営計画

1　学級目標を確認しよう（シート①）
2　学校生活のルールを確認しよう（シート②）
3　違いを認め合おう「みんなちがって、みんないい」（シート③）
4　「陰徳を積む（利他の行動）」のワーク（シート④）
5　夏休み一番がんばったこと大賞（シート⑤）

1　学級目標を確認しよう

指示1：学級目標をワークシートに書きなさい。
発問1：何も見ずに、学級目標を書けたという人、手を挙げます。
説明1：何も見ずに書けた人は素晴らしいです。年度当初に全員で決めた目標ですから、もう一度確認しておきましょう。
指示2：現在の学級目標達成度を100点満点で付けましょう。書けたらお隣さんと言い合います。
指示3：その点数を付けた理由を書きましょう。書けたらお隣さんと言い合います。
指示4：次に学級全体として改善すべき点を書きましょう。書けたらお隣さんと言い合います。全体で発表しましょう。
指示5：個人として改善すべき点を書きましょう。書けたらお隣さんと言い合います。全体で発表しましょう。
指示6：最後に学級目標達成に向けて仲間への一言を書きましょう。全体で発表しましょう。
以上のように指導します。

2　学校生活のルールを確認しよう

「夏休みが明けて、2学期が始まりました。学校生活のルールを、次の3つの視点で振り返ってみましょう。①時間を守っているか。②生活している場所は美しいか。③相手に礼儀正しく接しているか。これは、『時を守り、場を清め、礼を正す』、『再建の三原則』と言われている視点です。」このような説明の後、「時・場・礼」についてワークシートを進めていきます。9月からの新たなスタートを切るために、生活における大切な視点をもう一度見直すきっかけにしたいです。またこのワークシートをより効果的なものにするために、「時・場・礼」については年度当初から指導していくべきだと考えます。

3　違いを認め合おう「みんなちがって、みんないい」

自分の周りにいる人の、良いところを見つけるワークシートです。導入として、「近くの人の良いところを一つ言ってみましょう」という活動を入れます。温かい教室の空気を作ったところで、ワークシートにうつります。「1」でたくさんの言葉を出します。必要なら共有の時間をとります。具体的な言葉が出て来ない生徒がいたとして、「2」を書くヒントになります。「2」が書けたら、実際に言い合う時間をとります。

4　「陰徳を積む（利他の行動）」のワーク

「利益を顧みずに、周囲の人のために行動することを利他行動と言います。」このように説明したのち、具体的な「利他行動」を考えさせます。その後に、自分が生活の中でできそうな利他行動を考えさせます。このワークシートを行うことで利他の心を自覚するきっかけにしたいです。また普段当たり前にあることが利他の行動によるものだと気づき、感謝の念を抱くきっかけにもなります。

5　夏休み一番がんばったこと大賞

夏休みの振り返りとして、自分が一番頑張ったことを記入するワークシートです。自分だけではなく、周りの人と頑張ったことを話し合う活動を通して、自分の良さにも気づくことができます。夏休みがあっという間に過ぎてしまったという人も、きっと一つは頑張ったことがあるはずです。その頑張ったことをいかにこの後の学校生活につなげるかを言語化していきます。

学級目標を確認しよう

年　　　組　　　番　氏名（　　　　　　　　　　）

　自分たちで決めた学級目標を振り返ることが大切です。現在の達成度を全員で共有し、改善すべき点を話し合いましょう。そして、より良い学級へと高めていきましょう。

学級目標

　学期を通して、学校行事に取り組んできました。学級目標を意識して取り組みを進めることができたでしょうか。学級目標の現在の達成点は何点ですか。100点満点でつけます。

／100点

1　その点数をつけた理由を書きましょう。

2　学級全体として改善すべき点を書きましょう。

3　個人として改善すべき点を書きましょう。

4　学級目標達成に向けて仲間へ一言！

学校生活のルールを確認しよう

年　　組　　番　氏名（　　　　　　　　　　　　　）

1　学校生活のルールを3つの視点で振り返りましょう。

①　**時間** を守っているか。

②　**場所** は美しいか。

③　**礼儀** 正しく接しているか。

> 時を守り
> 場を清め
> 礼を正す
> （再建の三原則）

2　日常生活の次の場面で時間を守れていますか。

（1 守れている　　2 大体守れている　　3 あまり守られていない　　4 守られていない）

①登校時刻　　　　　　　　（　1　—　2　—　3　—　4　）

②授業開始の時刻　　　　　（　1　—　2　—　3　—　4　）

③「いただきます」の時刻　（　1　—　2　—　3　—　4　）

④掃除の開始時刻　　　　　（　1　—　2　—　3　—　4　）

3　生活している場所は美しく保たれていますか。

（1 いつもできている　　2 大体できている　　3 あまりできていない　　4 できていない）

①落ちているゴミを拾っている　　　　　　　　（　1　—　2　—　3　—　4　）

②掃除は全員で行っている（仕事量に偏りがない）（　1　—　2　—　3　—　4　）

③机やロッカーを整理整頓している　　　　　　（　1　—　2　—　3　—　4　）

4　相手に対する礼儀を大切にしていますか。

（1 いつもできている　　2 大体できている　　3 あまりできていない　　4 できていない）

①あいさつは自分からしている　　（　1　—　2　—　3　—　4　）

②相手に聞こえる声で返事をしている（　1　—　2　—　3　—　4　）

③目上の人に敬語を使っている　　（　1　—　2　—　3　—　4　）

良いところを見つけよう

年　　組　　番　氏名（　　　　　　　　　）

1　言われてうれしい言葉をたくさん書きましょう。

2　班の人の良いところを書いて、紹介し合いましょう。

名　　前	良いところ
さん	
さん	
さん	
さん	

3　思ったこと、感じたことを書きましょう。

陰徳を積む（利他の行動とは？）

年　　組　　番　氏名（　　　　　　　　　　　）

1　友人にしてもらって嬉しかったことを書きましょう。

2　陰徳を積む（利他行動）とどんないいことがあるか書きましょう。

3　あなたができる日常でできる利他の行動を書きましょう。

4　感想を書きましょう。

◆陰徳を積む（利他行動）とは
誰にも知られることなく、周囲のために行動する行為は、いずれ自分に返ってくるというもの。陰徳を積み、利他行動が集団に増えると集団の凝集性が高まります。

夏休み一番がんばったこと大賞

年　　　組　　　番　氏名（　　　　　　　　　　　　　）

1　この夏休み、どんなことをがんばりましたか。

2　周りの人はどんなことをがんばったか、取材して聞いてみましょう。

3　周りの人の意見を聞いて参考になったことを書いてみましょう。

4　これからの学校生活でどんなことをがんばりたいですか。

中学生
10月

学級の関係性を深める
ワークシート

経営計画

1　苦手を補う「助け合い」シート（シート①）
2　興味本位で人生を狂わせる　薬物乱用防止（シート②）
3　心のあり方を考えてみよう〜レジリエンス〜（シート③）
4　学級貢献シート（シート④）
5　メンタルタフネス（シート⑤）

1　苦手を補う「助け合い」シート

このシートでは、自分たちの言動を前向きに振り返るために「助け合い」を取り上げるシートです。自分の取り組みやクラスメイトの言動については具体的に記録します。
助けた：◎を2点、助けられた：○を1点と数値化して合計します。さらにクラスでも合計します。言動を帰りの会で発表したりするのもいいでしょう。互いの助け合いを見える化し、客観的に捉えることでより良い言動を増やすことを目指します。

2　興味本位で人生を狂わせる　薬物乱用防止

このワークシートの目的は「薬物依存になると周りにも影響を及ぼす」ことを理解することです。メリットを考えてしまうと「やってみたい」と誤解を生んでしまう可能性があるため、デメリットに限定したワークシートを作成しました。最後に、自分事として考えてもらうために「自分が薬物依存になったら」という視点で考えられるようにしました。

3　心のあり方を考えてみよう〜レジリエンス〜

「物事がうまくいかないときに、落ち込んでしまうことがあります。しかし、人によっては、うまくいかないことを『成功への糧』と考えたり、『目的達成のための通過点』と考えたりして、落ち込まずに前向きに捉えることができる人もいます。つまり、自分の心のあり方によって、物事の捉えは変わるということです。今日はそのような自分の心のあり方について考えてみましょう。」このような説明をした後にワークシートに取り組ませます。

4　学級貢献シート

このシートでは、自分の取り組みの振り返りとクラスメイトの行いを取り上げる意図があります。自分の取り組みについては、点数で振り返りを行い、その根拠を具体的に考えます。そうすることで、自分ができたこととこれからやっていくべきことが明確になります。クラスメイトの行いについては、取り上げられた生徒はうれしく感じ、他の生徒にとっては見本となります。このように良い行いを増やしていくことをねらいとしています。

5　メンタルタフネス

2と3のワークは、構成的グループエンカウンターと掛け合わせたものです。3〜4人のグループで行います。2は、順番にメンターについて語ります。3は、「　」内のセリフを言ったら次の人の番になり、何周かします。
※補足：メンタルタフネスを高めるには、「SOC」Sence Of Coherence【（センス・オブ・コヒアレンス）
　　　：訳は「首尾一貫感覚・筋道が通っている・納得できる状態」】を高めることが重要だと言われています。

苦手を補う「助け合い」シート

年　　組　　番　氏名（　　　　　　　　　）

自分一人でなんでもできなくてもいいのです。
できることで誰かを助け、できないことは誰かに助けてもらいましょう。

1　助けられた出来事をできるだけたくさん書きましょう。

書けたら、グループで出来事を出し合ってみましょう。

2　「助け合いキャンペーン」を行い、自分の出来事を記録しましょう。

	誰	何があった？	助けた　　：◎ 助けられた：○
例	太郎さん	落とした定規を拾ってくれた。	○
1			
2			
3			
4			
5			
6			
7			
8			
◎を2点、○を1点として数えると、合計　　　点			

3　何日か続けてクラスの合計点数を数え、気づきを話し合いましょう。

興味本位で人生を狂わせる　薬物乱用防止

年　　　組　　　番　氏名（　　　　　　　　　　　　　）

「薬物乱用」とは……
違法な薬物を使用したり、医薬品を治療などの本来の目的からはずれて使用したりすることです。また、「乱用」とは、社会常識、法律や条例などから逸脱した目的や方法で薬物を自ら使用することです。1回のみの使用でも「乱用」にあたります。

Q1　薬物を使うデメリットは何か、できるだけ挙げましょう。

▶2つの動画を見ます

▼ QR コードを読み取る

　① NHK for school「どうして薬物使っちゃダメなの？」
　② NHK ラーニング「薬物依存症の苦しみ　ひとときの快
　　　楽、その先に待つ地獄」

Q2　動画を見てわかったこと、気づいたこと、思ったことを書きましょう。

Q3　自分が薬物依存になると、どんな影響を与えますか。自分の意見を書きましょう。

中学生　10月　シート②

心のあり方を考えてみよう〜レジリエンス〜

年　　　組　　　番　氏名（　　　　　　　　　　　　　）

物事がうまくいかないときに、落ち込んでしまうことがあります。しかし、人によっては、うまくいかないことを「成功への糧」と考えたり、「目的達成のための通過点」と考えたりして、落ち込まずに前向きに捉えることができる人もいます。つまり、自分の心のあり方によって、物事の捉えは変わるということです。今日はそのような自分の心のあり方について考えてみましょう。

1　自分が落ち込んだ時の経験を書きましょう。

2　その経験を二つの視点から考え、書き入れましょう。難しい時は友達に相談しましょう。

その経験をしてマイナスだったこと	その経験をしてプラスだったこと

3　落ち込んでいる時に、何をすると気持ちを持ち直すことができますか。書き入れましょう。

4　自分はどんな心の持ち主だと思いますか。書き入れましょう。

学級貢献シート

年　　　組　　　番　氏名（　　　　　　　　　　　　　）

学級での自分の仕事について振り返ってみましょう。また友達の学級への貢献を書きましょう。

1　これまでの自分の学級における貢献度は 10 点満点で何点ですか。

点

2　1で答えた点数の理由を書きましょう。

	理　　由
良い点	
改善点	

3　友達が学級に貢献していることを書きましょう。具体的であればあるほど良いです。
　　例：掃除のときに教室の隅の方まできちんと掃除していた。

名　前	どんなことで貢献？

メンタルタフネス

年　　組　　番　氏名（　　　　　　　　　　　　）

メンタルタフネスとは
「困難が降りかかったときに悪い感情に振り回されるのではなく、解決に向けた行動を起こせること」

これは、ストレス耐性が強いことを意味します。

1　把握可能感：「自分の置かれている状況、あるいは置かれるであろう状況がある程度予測・
　　　　　　　　理解できるという感覚のこと」
　下を書いてみましょう。

ありたい姿	
現状	
ギャップ	
ギャップを克服するための「課題」	

2　処理可能感：「何とかなる、何とかやっていけるといった感覚のこと」
　「困った時に助けてくれる人」「相談できる人」をキープしておく。自分独りで何とかしようとしない。助けてくれる人は、どこかに必ずいるもの。人を信頼し「素直に助けを求める」ことが大切。

> ワーク『メンターを語る』
> 今の自分に影響を与えた人物について語り合う。他者の人生の一端をメンバーで共有しましょう。

3　有意味感：「日々の仕事や生活に、やりがいや生きる意味が感じられるという感覚のこと」

> ワーク『私は私が好きです。なぜならば〜だからです。』というように書いてみましょう。
> 自己肯定感、有意味感を高めます。自分の応援団長は自分です。

4　ストレス解消法（ストレスコーピング　stress coping）を見つけましょう。

感想

中学生 11月　自分やクラスメイトの行動を見つめるワークシート

経営計画

1　生徒面談に使えるワークシート（シート①）
2　三者面談に向けて（シート②）
3　みんなの活躍を褒め合うワーク（シート③）
4　本当の正義って何？（シート④）
5　アトランダム・ラブレター（シート⑤）

1　生徒面談に使えるワークシート

項目「1」から順番に自分の頑張りを振り返り、点数化させます。そして、学習面・生活面のまとめをさせていきます。最後に自由記述として、生徒本人に選択させます。書く必要があれば書いて良いという流れです。そこで出てきた生徒の考えや悩みなどをもとに、生徒面談で話を聞き、方策を生徒と共に考えていくという流れです。

2　三者面談に向けて

通知表の所見にも使えるアンケート方式としました。本人が「頑張った」と自覚していること、褒めてほしいと思っていることを知ることができます。推薦などの進路決めの時に必要となる検定・表彰なども、忘れないように学期ごとに書かせます。学校で友達とうまくやっているか気にする保護者の方もいらっしゃるので、友人関係を知っておくと良いです。友達が褒めていたよと具体的に伝えるのも喜ばれます。

3　みんなの活躍を褒め合うワーク

「君がいてくれたおかげで」
事前に「誹謗中傷する内容が一つでもあれば、全員に返却しないことを伝えます。B4くらいに印刷して、配布。【自己紹介】欄に自分のことを書きます。用紙の回し方を指示。回ってきた用紙の人に対して、褒めるメッセージを一人1分以内に書き、次の人に回します。自分のところに戻ってくる直前で回収。回収後担任がメッセージに誹謗中傷がないか確認。「感想文」誹謗中傷がないことを確認し、後日返却。返却と同時に受け取った感想を書かせます。

4　本当の正義って何？

年度頭や魔の6月・11月に取り組ませたいです。正義というのは、個人の持つものと集団で持つもので性質が大きく異なります。どちらも正義であっていいが、それを周りがどのように感じるか、また個人がどのように感じているかを知ることが重要であり、ワークには正義に関する考えの例を掲載しています。その賛否を問う形で、自ら考えた答えをクラスメイトと共有することでさまざまな正義のあり方、考え方の差異を知ることにつながります。

5　アトランダム・ラブレター

原実践者は染谷幸二氏です。相手の良さを伝え合うことで、自身の良さを知り、クラス集団がまとまる実践です。
それぞれに誰かへの「その人の良さ」を記した手紙を書きます。ある程度、学級の中が深まってくると、普段お互いの良さを言わなくなることもあります。こういう機会を作ることで、普段「当たり前」としているその人の良さを取り上げ、さらに生徒間の中を深めるきっかけにします。

生徒面談に使えるワークシート

年　　組　　番　氏名（　　　　　　　　　　　）

●今学期のこれまでの自分の頑張りを振り返ってみましょう！

1　自分の頑張りを100点満点で評価すると何点ですか。その理由も書いてみましょう。

点	

2　今学期、学習面で自分が頑張ったことは？

3　今学期、生活面で自分が頑張ったことは？

4　自由記述（自分やみんなが更により良くなるために何かあれば書いてOK！）

（□勉強　□部活動　□人間関係　□学級　□進路　□その他）について
※いずれかに✓

（□勉強　□部活動　□人間関係　□学級　□進路　□その他）について
※いずれかに✓

三者面談に向けて

年　　　組　　　番　氏名（　　　　　　　　　　　　）

1　学校生活、勉強・進路、人間関係などで先生に聞きたいこと、知っておいてほしいこと、困っていること
【　　】

2　学校でよく話す友達、仲の良い人【　　　　　　　　　　　　　　　　　　　　　　　　　　　　　　　】

3　頑張った教科ベスト3

教科単元名	協力したこと・発表・テスト・ノート・準備・予習・復習などから、詳しく一つ以上書いてください。

4　学校生活で頑張ったこと（行事・挨拶・掃除・給食・自学・手伝い・リーダーとして・人のためにしたことなど）

頑張ったこと	内　容

5　「ありがとう」と言われたこと、感謝されたことがあったら書いてください。

6　クラスメイトについて（頑張っていたこと・すごかったこと・偉かったこと・成長したこと・嬉しかったことなど）

名　前	内　容
【例】〇〇さん	教室掃除の時に、〇〇さんはいつも掃除を早く始めていた。

7　係活動・委員会・実行委員・部活動・表彰・検定など

	担当・所属・受賞など	内容（頑張ったこと・取り組んだこと・褒められたことなど）
係活動		
委員会		
実行委員		
部活動		
表彰		
検定		

がんばりを紹介しよう

年　　組　　番　氏名（　　　　　　　　　　　　　）

1　インタビューをしましょう。

質　　問	答　　え
①最近がんばっていることは何ですか。	
②きっかけは何ですか。	
③いつからがんばっているのですか。	
④どれくらいがんばっているのですか。	
⑤どうしてそれほどがんばれるのですか。	
⑥これからの目標は何ですか。	

2　インタビューをした人のがんばりをクラスで紹介しましょう。

　　これから、（　　　　　　　　　　　）さんのがんばりを紹介します。最近がんばっている
　ことは（①　　　　　　　　　　）です。きっかけは（②　　　　　　　　　　　　）
　です。
　　（③　　　　　　　　　　）から（④　　　　　　　　　　　）がんばっています。
　どうしてがんばれるかといういと、（⑤　　　　　　　　　　　　　　　）です。
　　これからは（⑥　　　　　　　　　　　　）です。わたしはこの話を聞いて、
　（⑦　　　　　　　　　　　　　　　　）と感じました。

3　感想を書きましょう。

本当の正義って何？

年　　　組　　　番　氏名（　　　　　　　　　　　　　）

1　正義とは

【辞書的な意味】

　正義…人間の社会的関係において実現されるべき究極的な価値。

【考えてみよう！】　あなたにとって正義とは何ですか？

2　正義を議論してみよう！

【Aさんの考える正義】
正義というのは自分の信念を貫くことだと思います。例えば、偉い人が「こうだ！」と決めつけて周りの人もそれに同調しているけど、自分はそれは間違っていると思ったことは絶対に譲らないこと、自分の信念は貫くことが大切だと思います。

【Bさんの考える正義】
正義というのは周りの人たちを思いやることだと思います。例えば、みんなで「こうしよう」と決めたことやあらかじめ設定されているルールはみんなで守るべきだと思います。また、そのようなルールを守れない人に罰則やペナルティを課すことも大事なことだと思います。

問1　あなたの正義の考えはAさん、Bさんどちらに近いですか？　理由とともに自分の考えを書きましょう。どちらにも当てはまらない場合は自分の考え書きましょう。

問2　Aさんに近い人はBさんに、Bさんに近い人はAさんに反論してみましょう。どちらでもない人は自分の考えをもとに、どちらにも反論してみましょう。

問3　1と2をもとに、クラスの中でどちらの考えに近いか、また別な考えにどんなものがあるか、話し合ってみましょう。

アトランダム・ラブレター

年　　組　　番　氏名（　　　　　　　　　）

1　自分の短所をたくさん書きましょう。

2　自分の長所をたくさん書きましょう。

3　振り返りを書きましょう。
　※アトランダム・ラブレターの実施前後での自身の心の変化を書きましょう。

<table>
<tr><td>中学生
12月</td><td>学校生活を振り返る
ワークシート</td></tr>
</table>

経営計画

```
1   2学期振り返り〜自分でつける通知表〜（シート①）
2   大掃除をするときに知っておきたいこと（シート②）
3   今年の漢字1字（シート③）
4   自分の強みを考えよう（シート④）
5   学級を評価するワークシート（シート⑤）
```

1   2学期振り返りシート〜自分でつける通知表〜

ワークシートを配付します。2学期を通して、自分は何について頑張ってきたのかを振り返りたいです。また、他人から褒められたことを想起させ、自己有用感を高めたいです。もし、改善すべき点があるなら、3学期に向けて、前向きな気持ちで新年を迎えさせましょう。回収後、三者面談や通知表所見を書く際の資料としても有効です。また、「キャリア・パスポート」として転用も可能です。

2   大掃除をするときに知っておきたいこと

掃除をする際に大切なのは、「誰が何をどのようにするか」を明確にすることです。そのための準備をするためのワークシートです。また「大掃除のヒント」として、普段の掃除とは違う大掛かりな掃除のポイントを記しておきました。この部分を意識して、普段よりもさらに丁寧に掃除をしてもらいたいです。またワークシートの最初に書いた通り、「感謝」の気持ちをもたせることも大掃除のとっては大切な視点です。

3   今年の漢字1字

「今年の漢字」は世の中でも大きく取り上げられることがあります。それにならって自分の学校生活を1字で表すものです。おもしろい表現が多いもの、説明を読んではっとされられるもの、実際にやってみると多種多様なものが出てとても面白いです。これをのちに掲示すると、生徒は他の人のものをみて、楽しそうに1年間を振り返ります。時間があれば、漢字1字をイラスト化したり、デコレーションするとより楽しいものになります。

4   自分の強みを考えよう

指示1   項目1を書きなさい。できるだけたくさん書きます。
指示2   項目2を書きなさい。　同様に、発表させて例示する。
指示3   項目3を書きなさい。
指示4   項目4を書きなさい。具体的であればあるほど、克服する可能性が上がります。
指示5   項目5を書きなさい。　最後に発表させる。
このような流れで指導します。

5   学級を評価するワークシート

改善点よりも良いところを多く上げさせることにより、自分の学級は良いクラスであるということを認識させたいです。そして、自分も学級に所属している一人であるという自覚を持たせ、学級をよりよくするために、自分は何をできるのかを考えさせたいです。アンケート回収後は、可能であればフィードバックし、改善できることを学級で共有し、具体的な行動に移させたいです。

２学期振り返り～自分でつける通知表～

年　　組　　番　氏名（　　　　　　　　　　　　）

学習面を振り返ろう　　　　　　A：よくできた　B：できた　C：できなかった

	集中度	忘れ物	積極性	提出物	試験勉強	がんばったこと
国　語						
社　会						
数　学						
理　科						
音　楽						
美　術						
保健体育						
技　術						
家　庭						
英　語						

① チャイム着席をしっかり守れた。　　　　　　　　　　　　　　（A・B・C）
② 授業の始めと終わりのあいさつをはっきり言えた。　　　　　　（A・B・C）
③ 教科書やノートなど、授業に必要な道具の忘れ物はしなかった。（A・B・C）
④ 授業中、おしゃべりや勝手な行動をしなかった。　　　　　　　（A・B・C）
⑤ 授業中、いつもきちんとノートをとった。　　　　　　　　　　（A・B・C）
⑥ どの教科も同じ態度できちんと学習できた。　　　　　　　　　（A・B・C）
⑦ 授業中、積極的に手を挙げたり、発言したりした。　　　　　　（A・B・C）
⑧ 宿題や提出物の期限を守った。　　　　　　　　　　　　　　　（A・B・C）
⑨ 教科書などで置いてはいけないものはきちんと持ち帰った。　　（A・B・C）
⑩ 予習・復習をきちんとできた。　　　　　　　　　　　　　　　（A・B・C）
⑪ 中間考査は計画を立て、きちんと学習できた。　　　　　　　　（A・B・C）
⑫ プリント類や試験問題をきちんと保管し、復習した。　　　　　（A・B・C）

大掃除をするときに知っておきたい

年　　組　　番　氏名（　　　　　　　　　　　　　　）

元々大掃除は「神事」で、新年を司る年神様を迎えるための清めの行事でした。隅々まできれいにすると年神様が福徳を授けてくださるといわれています。1年間使った教室に感謝を込めて掃除をし、新しい学年に清々しくバトンを渡しましょう。

1　大掃除の計画
（1）最終確認者を決める。◆掃除が終わったあと、掃除箇所や用具の確認をして報告します。

（　　　　　　　　　　　　　　　）

（2）掃除する場所を決める。◆掃除する場所を箇条書きにしましょう。

（3）掃除用具をそろえる。◆使う掃除用具を書き出しましょう。

（4）分担をする。◆手が空く人がいないように順番を考えて分担をしましょう。

（5）捨てる場所を確認する。

2　大掃除のヒント
（1）始めに用具を準備しましょう。
（2）移動する前に写真を撮っておくと元に戻すときに便利です。
（3）机や椅子など、外に移動できるものは出しましょう。
（4）ほこり取りや拭き掃除は上から、奥から行いましょう。
（5）手が空いたら「手伝うことありますか」と声をかけましょう。
（6）終わったら用具を所定の場所に片付けましょう。

今年の漢字一字

年　　組　　番　氏名（　　　　　　　　　　　　）

今年も数日で終わります。4月からの生活を思い返して、今年を漢字一字で表すなら
何か書いてみましょう。

選んだ理由

自分の強みを考えよう

年　　　組　　　番　氏名（　　　　　　　　　　　　　）

1　友達や保護者、先生など他の人から褒められたことを書きましょう。

2　得意なことを書きましょう。

3　苦手なことを書きましょう。

4　苦手なことをほんのちょっとでも克服するためにできることを書きましょう。

5　あなたの強み、または強みにしていきたいことを書きましょう。

学級を評価する

年　　　組　　　番　氏名（　　　　　　　　　　　　　　）

クラスの現状がどうなっているのか、一人一人が評価し、今後のクラス、個人の成長につなげていきます。

1　クラスの良いところを3つ挙げてください。

①

②

③

2　クラスの改善点を2つ挙げてください。

①

②

3　1のクラスの良いところを多くしていくために自分にできることは何ですか。

4　2を改善していくために自分ができることは何ですか。

5　2を改善していくために皆へのお願い

6　自由記述

中学生 1月	# 残り3か月を見据える ワークシート

経営計画

1　今年の目標を考えよう（シート①）
2　上級生になるための準備（シート②）
3　お年玉の使い道は？（シート③）
4　卒業式をイメージして生活しよう（シート④）
5　尊敬する人物は誰？（シート⑤）

1　一年の計は元旦にあり　今年の目標を考えよう

「『一年の計は元旦にあり』」ということわざがあります。これは『何事もはじめに計画を立てるのが肝要であるということ』です。具体的に今年一年どんな年にしたいかの計画を立ててみましょう。」という趣意説明ののち、ワークシートに取り組ませていきます。このように時間を使い、友達と目標を共有することで、自分の中で目標を明確にもつことができ、その後の生活で意識して過ごすことができるようになります。

2　上級生になるための準備

憧れる上級生をイメージさせます。
発問1：上級生にやってもらってうれしかったことは何ですか。学習、学校生活、部活動の場面で考えます。
　指示：書いたことをお隣と意見交流しましょう。　　指示：全体交流します。（列指名や指名なし発表をする。）
発問2：上級生にされて嫌だったことは何ですか。
発問3：私は○○な上級生になりたい、という姿や行動は何ですか。
発問4：下級生のために今できることは何でしょう。

3　お年玉の使い道は？

お年玉について、使い方をきちんと考えさせるためのワークシートです。好きなことに使うのも、貯金するのも生徒が考えることですが、考えなしに使うのでは、その後の生活につながっていきません。使う前に一度、「使い方」を考えておくことは、その後の生活でもお金を使う時に役立ちます。買おうと思っているものは、本当に必要なものなのか。今はお金が足りないけれど、貯金することで、本当に買いたいものがいずれ手に入るのではないか。そういったことを考えさせたいです。

4　卒業式をイメージして生活しよう

まず、「卒業式の日、目標とする姿は何ですか？」という項目を生徒に書かせます。そこからその目指す姿にたどり着くために1月・2月・3月でどのように頑張れば良いのかを考えさせ、記述していきます。それぞれの月で「頑張ること」なので、例えば教師の方から、「受験に向けて1日〇時間勉強する」や「率先して清掃や当番活動を行い続ける」など具体例を出してあげると考えやすくなると思います。月ごとにどのような予定があるのかを把握して、例を出してあげましょう。

5　尊敬する人物は誰？

人は憧れをもつと自分の行動を省みようと考えます。子どもたちにもその指針となるような人物がいることで生活が変わる可能性があります。自分の生活の指針となるような理想の姿を見付け、実際に自分に落とし込むとしたらどのようなことができるか実生活に生かせる形で使ってほしいワークシートです。

一年の計は元旦にあり 今年の目標を考えよう

年　　組　　番　氏名（　　　　　　　　　　　　）

一年のスタートです。「一年の計は元旦にあり」ということわざを知っていますか。
これは「何事もはじめに計画を立てるのが肝要であるということ」(weblio辞書)です。
具体的に今年一年どんな年にしたいかの計画を立ててみましょう。

1　今年一年自分が達成したいことと、達成する時期を箇条書きにします。

達成する時期	達成したいこと

2　一番に達成したいことを一つ選び、上の表に赤で丸をつけます。

3　その目標を達成するために、いつまでに、何をするか決めます。

いつまでに	何をする

4　何をするか決めていても出来ないことがあります。そうならないようにどのよう
　　な工夫をしますか。

5　お互いに目標を達成できるように仲間からアドバイスをもらいましょう。

友達からのアドバイス１	友達からのアドバイス２

上級生になるための準備

年　　　組　　　番　氏名（　　　　　　　　　　　　）

1　上級生にやってもらってうれしかったことは何ですか。憧れる上級生をイメージして。

学　習	学校生活	部活動

2　上級生にされて嫌だったことは何ですか。

学　習	学校生活	部活動

3　私は○○な上級生になりたい、を書いてください。

学　習	学校生活	部活動

4　下級生のために今できることは何ですか。

学　習	学校生活	部活動

お年玉の使い道は？

年　　　組　　　番　氏名（　　　　　　　　　　　　　　）

1　みんなが楽しみにしているお年玉、もともとは何を配ったのでしょう？

　　1　お金　　　　　2　お菓子　　　　3　お餅

2　もらったお年玉をどうしますか。

　　1　すぐに使う　　2　貯金する　　　3　その他（　　　　　　　　　　　）

3　2（の番号）を選んだ理由を書きましょう。

4　お年玉をどのように使おうと思いますか。また使ったら良いと思いますか。

卒業式をイメージして生活しよう

年　　組　　番　氏名（　　　　　　　　　　　　　　）

1　卒業式の日、目標とする姿は何ですか？

卒業式に向けて
3月に頑張ること

卒業式に向けて
2月に頑張ること

卒業式に向けて
1月に頑張ること

尊敬する人物は誰？

年　　　組　　　番　　氏名（　　　　　　　　　　　）

　尊敬する人、憧れる人がいることは、自分の人生の手本をもつことにもなります。みなさんには尊敬する人物、憧れる人物はいますか。現代の人でも、歴史上の人でも、実在しない人でもかまいません。尊敬する人について、以下のことに答えてみましょう。

1　尊敬する人物はいますか。いる人はその人の名前を書きましょう。いない人は、「こんな人なら尊敬できる人だ」という人の特徴を書いてみましょう。

2　1で選んだ人の理由は何ですか。

3　友達の尊敬する人物を聞いてみましょう。

友達の名前	尊敬する人物	理　　由

4　自分が尊敬する人に近づくために、どんなことができそうですか。取り組めそうなことを書いてみましょう。

中学生 2月 | 終わりを意識するための ワークシート

経営計画

1　どんな卒業式にしたいですか？（中学１、２年生編）（シート①）
2　どんな卒業式にしたいですか？（中学３年生編）（シート②）
3　この１年でできるようになったこと（シート③）
4　学級レクは生徒の手で合意形成の基本を身につけよう（シート④）
5　いやな先輩の逆を目指せば素晴らしい先輩になれるシート（シート⑤）

1　どんな卒業式にしたいですか？（中学１、２年生編）

卒業式に向けての心構えを明確にするためのシートです。小学校の卒業式を思い出させることから
イメージを膨らませます。その後、グループで話し合いをさせましょう。卒業式には主役となる卒業生
だけでなく来賓や保護者が出席します。特に保護者の出席を考えさせた上で、在校生としてどんな卒業
式にしたいかを生徒たちから引っ張り出して学級の目標とします。

2　どんな卒業式にしたいですか？（中学３年生編）

卒業証書に書かれていることや意味を伝えた後、どんな卒業式にしたいのか問います。式次第のひとつ
ひとつにも意味があることや、所作にも触れ行動に表すことに気づかせます。生徒一人一人が解を持ち、
意見交流しながら進めていきます。最後は、どんな姿を見せるのか、意見をたくさん出させ、行動の共
有を促します。

3　この１年でできるようになったこと

５つの項目を設けることで、自分の成長を様々な視点から振り返ることができるようにしました。説明
をする際には、「４月の自分と比べてどうか」ということを伝えて、人と比べるのではなく、自分の「伸
び」を意識させましょう。また、最後には友達からコメントをもらう欄を設けました。生徒によっては、
５つの項目を埋められない人もいるかもしれません。書けなかったところを友達からのコメントで埋め
られるように指導しましょう。

4　学級レクは生徒の手で合意形成の基本を身につけよう

初めて企画をする場合は、教師が書いたものを例示して教師が提案します。質問を受けつけ、必要な部
分を検討し討議させます。決定事項は朱書きし、掲示します。実行委員が中心となって企画をするよう、
企画書を渡し、作成させます。作成できたら教師に提出させ、内容を確認します。必要に応じて訂正をし、
企画書を完成させます。完成した企画書を全員に配付し、質問を受け付け、検討、討議します。討議の
前に、議決後は決まったことに対して協力すること、そのために討議で意見を出し合うことを全体に確
認しておきます。合意したものをあとで覆すのは良くないことを説明して、学級レクが成功するように、
時々進捗状況を確認します。成功体験を持つことで次の学級レクへの意欲を持たせ様々な子に企画に挑
戦させたいです。

5　こんな先輩はいやだ！　いやな先輩の逆を目指せば素晴らしい先輩になれるシート

このシートでは、具体的なイメージを持たせることが大切です。そのため、１の質問をどれだけ書かせ
るかが重要になります。その中で限定をすることで、理想の先輩像を具体的に書くようにさせます。大
切なことは理想を現実に変える行動をすることです。そのために４の質問では抽象的でもいいですが、
できるだけ具体的に行動が書けるとさらに意識できると思います。

どんな卒業式にしたいですか？

年　　組　　番　氏名（　　　　　　　　　　　　　　　）

　中学校の卒業式は義務教育9年間の中で最も大事な学校行事です。

1　小学校の卒業式では何がありましたか。　例：卒業証書授与、卒業生の言葉

　近くの人とグループをつくって意見を出し合ってみましょう。

2　卒業式に出席する人は誰ですか。　在校生の他にも……

3　卒業式の主役は誰ですか。

4　どんな卒業式にしたいですか。

な卒業式にしたい。

5　卒業式に向けて、今からできること、例えば何がありますか。

「4」「5」についてクラスで意見を出し合い、どんな卒業式にするか、学級目標を立てましょう。

どんな卒業式にしたいですか？

年　　組　　番　氏名（　　　　　　　　　　　　）

1　卒業式はなぜ行うのでしょうか。

```

```

2　卒業式の次第一つ一つについて考えましょう。

1　開式のことば 2　国歌斉唱 3　校歌斉唱 4　卒業証書授与 5　学校長式辞 6　来賓祝辞 7　祝電披露 8　在校生送辞 9　卒業生答辞 10　式歌斉唱 11　閉式のことば	入場、起立、礼、着席、等　の所作

3　卒業証書授与での返事について考えましょう。

```

```

4　卒業式は[　　　　　　　]場、[　]にふさわしい言葉を考えましょう。

```

```

5　卒業式で見せる姿について考えましょう。

```

```

この1年でできるようになったこと

年　　組　　番　氏名（　　　　　　　　　　）

学ぶこと
学習に関すること

働くこと
当番や係活動・委員会など

好きなこと
部活や趣味など

クラスのこと
クラスのためにがんばれたこと

自分のこと
自分が成長したこと

1年間で自分ができるようになったことを書きましょう。
それぞれの枠に色をつけてみましょう。きっときれいなお花が咲きますよ。

友達からコメントをもらいましょう

学級レクは生徒の手で 合意形成の基本を身につけよう ～企画書を書いて提案しよう～

年　　組　　番　氏名（　　　　　　　　　　　　　　　　　）

1　企画のタイトル　（　　　　　　　　　　　　　　　　　　　　　）
2　目的　（　　　　　　　　　　　　　　　　　　　　　　　　　　）
3　実施日時
　（実施日）　　月　　　日（　）　　：　　　～　　：
　（準備）　　　月　　　日（　）　　：　　　～　　：
　（片付け）　　月　　　日（　）　　：　　　～　　：
4　場所　（　　　　　　　　　　　　　　　　　　　　　　　　　　）
5　内容
　（1）　　　　　　　　　　　　　　　　　　（　　　分）（担当　　　　）
　（2）　　　　　　　　　　　　　　　　　　（　　　分）（担当　　　　）
　（3）　　　　　　　　　　　　　　　　　　（　　　分）（担当　　　　）
　（4）　　　　　　　　　　　　　　　　　　（　　　分）（担当　　　　）
6　注意事項　（　　　　　　　　　　　　　　　　　　　　　　　　）
7　準備物　（　　　　　　　　　　　　　　　　　　　　　　　　　）
8　役割分担
　（1）総務（担当　　　　　　　）
　　※話し合いの議長をします。計画通りに全部の仕事が進んでいるかを見て、遅れ
　　　ているものは声を掛けます。当日も全体の進行をします。話し合いを記録します。
　（2）会場（担当　　　　　　　）
　　※会場全体を設計します。飾りなどを決めます。準備をいつするか決め、飾り付
　　　けます。
　（3）出し物（担当　　　　　　　）
　　※出し物を受けつけ、順番を決めます。進行表をつくります。
　（4）そのほか
　　①カメラマン（担当　　　　　　）
　　②BGM（担当　　　　　　）
　　③消毒（担当　　　　　　）
9　計画　◆余裕をもって締め切りを決めます。
　　　　月　　　日までに（　　　　　　　　　　）を終える。
　　　　月　　　日までに（　　　　　　　　　　）を終える。
　　　　月　　　日までに（　　　　　　　　　　）を終える。

こんな先輩はいやだ！
いやな先輩の逆を目指せば素晴らしい先輩になれるシート

年　　組　　番　氏名（　　　　　　　　　　　　　　　　）

1　いやな先輩の特徴をできるだけたくさん書きましょう。

2　1で書いた中でワースト3はどれですか？

1位：　　　　　　　　先輩　　2位：　　　　　　　　先輩　　3位：　　　　　　　　先輩

3　理想の先輩像を書きましょう。

4　理想の先輩像に近づくために意識していくことを書きましょう。

中学生 3月 次年度に向かうための ワークシート

経営計画

1　三学期振り返りシート（シート①）

2　クラスの重大ニュース・オブ・イヤー（シート②）

3　自分の学びを後輩に残そう！（シート③）

4　感謝の気持ちを伝えよう（シート④）

5　卒業後の進路を思い描こう（シート⑤）

1　三学期振り返りシート

説明1：三学期の振り返りをします。

発問1：学級目標を書きましょう。

指示1：学級目標に沿って、クラスに点数をつけましょう。理由も書きなさい。

指示2：書けた人から立って発表。

発問2：クラスの思い出ベスト3を書きなさい。簡単なエピソードや理由も書きなさい。

発問3：クラスの良い点を書きましょう。書いたら、発表。

説明2：今出てきた良い点も来年度のクラスや生活に生かしていきたいですね。

指示3：最後にクラスの仲間へメッセージを書きなさい。

以上のような形で指導します。

2　クラスの重大ニュース・オブ・イヤー

思い出を具体的に振り返らせることでクラスやクラスメイトの良さを再確認する機会としたいと考えます。自分の成長点や良いところを自慢できるのは、クラスへの帰属意識の表れでもあります。また生徒がクラスのことをどのように思っているのかを教師が確認する機会になります。様々な活かし方があるワークシートになると思います。

3　自分の学びを後輩に残そう！

中学校になると、他学年とのかかわりが少なくなります。ただ、部活動などかかわる機会さえあれば、他学年のために行動したいと思う生徒はたくさんいます。だから間接的にでも他学年に役に立つ機会をつくることがとても大切だと考えます。また間接的にでも先輩のすごさを知った後輩は、それを手本とし、さらなる成長につなげるはずです。こうやって良い文化を継承していくしくみをもつことは極めて大切だと考えます。

4　感謝の気持ちを伝えよう

感謝を伝えることは中学生になると年齢的なものもあり、少なくなってきます。お世話になった人に感謝を伝える機会を作ろうとするのがこのワークシートの目的です。普段何気なく生活していると、当たり前で見過ごしがちな「感謝すべきこと」はたくさんあります。時間をとり、友達と考えを共有することで、「感謝すべき」ことに気づき、感謝を伝えるきっかけを作らせたいです。

5　卒業後の進路を思い描こう

このシートでは、卒業を目前にして4月から新しい環境で生活することを思い描き、具体的にどのような準備をすればいいかを明確にします。理想の姿を書かせた後、不安なことを書き出させることで、不安を和らげる目的があります。学級で交流し、具体的に何をすればいいかを考えることで、不安を解消する行動につなげられると考えました。

三学期を振り返ろう

年　　　組　　　番　氏名（　　　　　　　　　　　　）

1　学級目標を書きましょう。

2　クラスに点数をつけましょう。理由も書きましょう。

	理由
点	

3　クラスの思い出ベスト3

1位	エピソード：	選出理由：
2位	エピソード：	選出理由：
3位	エピソード：	選出理由：

4　クラスの良い点を書きましょう。

5　クラスの仲間へメッセージ

クラスの重大ニュース・オブ・イヤー

年　　組　　番　氏名（　　　　　　　　　　　　）

1年を振り返って、クラスで心に残ったことを
思い出してみましょう。

★ 1位

★ 2位

★ 3位

（選んだ出来事とエピソードも書いてみましょう。イラストでも可。）

私のクラスの成長したこと

私のクラス自慢

自分の学びを後輩に残そう

年　　組　　番　氏名（　　　　　　　　　　　　）

いよいよ1年間の生活が終わります。今年1年を振り返り、後輩に
アドバイスを残しましょう。

1　今年1年で最も楽しかったことは何ですか。またどうして楽し
　くすることができたのですか。

2　今年1年で大変だったことは何ですか。またそれをどのように
　乗り越えましたか。後輩の参考になるように書きましょう。

3　今年1年で自分が達成できかなったことがあれば、書きましょ
　う。またどのようにすれば達成できたか、後輩の参考になるよう
　に書いてみましょう。

感謝の気持ちを伝えよう

年 組 番 氏名（ ）

みなさんの学校生活は様々な人に支えられてきました。
この機に感謝の言葉を伝えましょう。

1 感謝を伝えたい人を書き出しましょう。友達とも確認してみましょう。

2 上の人たちの中から具体的に感謝したい内容を書いてみましょう。

感謝を伝えたい人	内容

卒業後の進路を思い描こう

年　　組　　番　氏名（　　　　　　　　　　　　　）

1　4月にどのようなスタートを切りたいですか。

2　今、自分が感じている不安なことを書き出しましょう。

3　卒業してから、どのような準備をしておけば良いですか。具体的にやるべきことを書きましょう。

4　4月に充実した毎日を過ごす、自分の理想の姿を具体的に書きましょう。

あとがき

　右も左もわからぬまま教師となった私は、教師としての学び方さえ知らずに、自分の考えのもと、我流の実践を積み上げていました。

　当然うまくいくことは少なかったです。しかも、うまくいかない原因を追究することなく、日々を過ごしていました。

　そんな矢先に出合ったのが、TOSSでした。TOSSでは優れた実践、そして力ある先生方との出会いに恵まれました。セミナーに参加し、サークルに参加し、自分の実践を見ていただき、改善案を教えていただきました。

　授業については、様々な実践を教えていただき、少しずつ自分の授業をレベルアップさせていけました。問題は学級経営でした。学習指導要領を読めば、どのようなことをすればよいか、書いてあります。しかし、どの項目をどのように行えばよいか、を具体的にイメージすることはできませんでした。そこでお力を貸していただいたのは、同僚の先生、そしてTOSSで共に学ぶ先生方でした。

　「この行事については、学級活動でどのような取り組みをさせているのか」、「席替えではどのような配慮が必要か」など、学習指導要領を読むだけでは見えてこない部分をたくさん学ばせていただきました。

　全国各地には学級活動について、たくさんの優れた実践が眠っています。それらを多くの先生方と共有し、さらにブラッシュアップし、より良き実践が全国で展開されることは、すべての子どもたちのためになることです。

　今回のワークシートについても同じです。私の実践だけではなく、全国の先生方の実践を共有していただいた結果、完成したものです。編集している中で、私自身も非常に学びになりました。このように作られた本書をたくさんの方々に手に取っていただき、実践の向上につなげることや、さらにブラッシュアップしていただき、より良き実践を作り出す契機となれば幸いです。

　そしてかつての私のように、「方法」を知らず、「学び方」を知らず、困っている若い先生の支えに少しでもなればと考えています。

さて、本書には月別、行事別、そしてシチュエーション別のワークシートが掲載されています。月別、行事別については、実態に合わせて、その都度、その都度ご使用いただきたいです。シチュエーション別については、ぜひ問題が起こる前の「予防的な」視点でご使用いただきたいです。

　令和４年に改訂された「生徒指導提要」には、①常態的・先行的（プロアクティブ）生徒指導、②即応的・継続的（リアクティブ）生徒指導の生徒指導の２軸が示されています。このうち、①常態的・先行的（プロアクティブ）生徒指導については、「積極的な先手型の常態的・先行的（プロアクティブ）生徒指導と言えます」とあります。つまり、何か起こってからの指導ではなく、事前の指導の重要性が書かれているのです。

　本書のシチュエーション別のワークシートは「こんなときどうする？困難に直面した時に役に立つワークシート」を筆頭に、問題が起こる前に、場面を想定し、自分が直面した時の行動を考えるという内容になっています。想定されるすべての問題を教師が考え、すべてにおいて予防するというのは難しいと思います。しかし本書を使っていただければ、多くの問題に予防的に対処することができると考えます。喫緊の教育課題について対応するための一助となれば幸いです。

　末筆ながら、本書を監修してくださったTOSS代表の谷和樹先生、編集の機会を与えてくださった学芸みらい社の樋口雅子編集長と阪井一仁氏に、心から感謝しております。

　また共に、本書の作成に携わってくださった全国の先生方に御礼申し上げます。本書が多くの方々のお役に立つことを願っております。

守屋遼太郎

◎執筆者一覧

守屋遼太郎　東京都公立中学校教諭
日戸勇希　　神奈川県公立高校教諭
谷口祐也　　和歌山県公立中学校教諭
小野田光将　愛知県公立中学校教諭
岡　拓真　　宮城県東松島市矢本第一中学校
刀祢敬則　　福井県公立中学校教諭
伊藤圭一　　埼玉県公立中学校教諭
穐本康広　　神奈川県公立中学校教諭
豊田雅子　　埼玉県公立中学校教諭
海老井基広　北海道公立高校教諭
辻　拓也　　愛知県大府市立大府西中学校
前平　勝　　鹿児島県公立中学校
前崎　崇　　東京都公立中学校教諭
工藤孝幸　　宮城県公立中学校教諭
阿部秀也　　宮城県公立高校教諭
丸山怜子　　東京都公立中学校教諭
石田涼太　　兵庫県公立高等学校教諭
岩渕知也　　岩手県公立中学校教諭
平林隆昭　　長野県公立中学校教諭
月城正登　　京都府公立中学校教諭
竹内右子　　北海道公立中学校教諭
小野正史　　北海道真狩小学校教諭
福澤　歩　　北海道私立中学・高校教諭
小川原周太　北海道公立中学校教諭

◎監修者紹介

谷　和樹（たに かずき）

玉川大学教職大学院教授。兵庫県の公立小学校担任として22年間勤務。兵庫教育大学修士課程修了。各科目全般における指導技術の研究や教師の授業力育成、教材開発、ICT教育等に力を注いでいる。著書には『谷和樹の学級経営と仕事術』（騒人社）『みるみる子どもが変化するプロ教師が使いこなす指導技術』（学芸みらい社）など多数。学級担任として子供達と向き合いながら「どの子も大切にする優れた教育技術」等を若い頃から向山洋一氏に学び、主にTOSSの研究会で活動してきた。
現在はTOSS（Teachers' Organization of Skill Sharing）代表、日本教育技術学会会長、NPO教師力プロジェクト理事長等を務める。

◎編著者紹介

守屋遼太郎（もりや りょうたろう）

1989年兵庫県生まれ。関西大学政策創造学部政策学科2013年卒業。東京都の新島村立式根島中学校、足立区立第十二中学校にて10年間勤務。

知的生活習慣が身につく
学級経営ワークシート 11ヶ月＋α
中学校

GAKUGEI MIRAISHA

2023年4月25日　初版発行

監修者　谷　和樹
編著者　守屋遼太郎
発行者　小島直人
発行所　株式会社 学芸みらい社
　　　　〒162-0833 東京都新宿区箪笥町31番 箪笥町SK ビル3F
　　　　電話番号 03-5227-1266
　　　　https://www.gakugeimirai.jp/
　　　　e-mail：info@gakugeimirai.jp
印刷所・製本所　藤原印刷株式会社
企　画　樋口雅子
校　正　阪井一仁
装　丁　小沼孝至／本文組版　星島正明
本文イラスト　辻野裕美 他